SARAJEVO
Mon enfance sous les bombes

Nadja Halilbegovich

SARAJEVO
Mon enfance sous les bombes

*traduit de l'anglais
par Laurent Chabin*

Catalogage avant publication de Bibliothèque et Archives nationales du Québec et Bibliothèque et Archives Canada

Halilbegovich, Nadja, 1979-

   Sarajevo : mon enfance sous les bombes

   Traduction de : My childhood under fire.

   Pour enfants de 9 ans et plus.

   ISBN 978-2-89428-975-4

1. Halilbegovich, Nadja, 1979-   – Journal intime – Ouvrages pour la jeunesse. 2. Guerre dans l'ex-Yougoslavie, 1991-1995 – Bosnie-Herzégovine – Sarajevo – Ouvrages pour la jeunesse. 3. Guerre dans l'ex-Yougoslavie, 1991-1995 – Récits personnels bosniaques – Ouvrages pour la jeunesse. 4. Sarajevo (Bosnie-Herzégovine) – Histoire – 1992-1996 (Siège) – Ouvrages pour la jeunesse. I. Titre.

DR1313.32.S27H3514 2007   j949.703   C2007-940737-4

La traduction de cet ouvrage a été rendue possible grâce à une aide financière du Conseil des Arts du Canada et du ministère du Patrimoine canadien par l'entremise du Programme d'aide au développement de l'industrie de l'édition.

Les Éditions Hurtubise HMH bénéficient du soutien financier des institutions suivantes pour leurs activités d'édition :

- Conseil des Arts du Canada ;
- Gouvernement du Canada par l'entremise du Programme d'aide au développement de l'industrie de l'édition (PADIÉ) ;
- Société de développement des entreprises culturelles du Québec (SODEC) ;
- Gouvernement du Québec par l'entremise du programme de crédit d'impôt pour l'édition de livres.

Conception graphique : Fig.communication graphique
Mise en page : Martel en-tête

Traduction de *My Childhood Under Fire: A Sarajevo Diary* de Nadja Halilbegovich

© Copyright 2006, Nadja Halilbegovich, publié avec la permission de Kids Can Press Ltd., Toronto, Ontario, Canada.
© Copyright 2007, Éditions Hurtubise HMH ltée pour l'édition en langue française au Canada.

Éditions Hurtubise HMH ltée
Téléphone : (514) 523-1523 – Télécopieur : (514) 523-9969
www.hurtubisehmh.com

ISBN 978-2-89428-975-4

Distribution en France
Librairie du Québec/DNM
www.librairieduquebec.fr

Dépôt légal/2e trimestre 2007
Bibliothèque et Archives nationales du Québec
Bibliothèque et Archives du Canada

La *Loi sur le droit d'auteur* interdit la reproduction des œuvres sans autorisation des titulaires de droits. Or, la photocopie non autorisée – le « photocopillage » – s'est généralisée, provoquant une baisse des achats de livres, au point que la possibilité même pour les auteurs de créer des œuvres nouvelles et de les faire éditer par des professionnels est menacée. Nous rappelons donc que toute reproduction, partielle ou totale, par quelque procédé que ce soit, du présent ouvrage est interdite sans l'autorisation écrite de l'Éditeur.

Imprimé au Canada

Pour toutes les victimes innocentes
de la guerre,
particulièrement les enfants

Introduction

J'ai vécu trois vies.

Au cours de la première, j'ai vécu dans le bonheur avec mes parents et mon frère — une famille ordinaire de la classe moyenne. Nous possédions un appartement confortable au quatorzième étage, à Sarajevo, ainsi qu'une petite maison à la campagne où nous passions les fins de semaine. Ma mère, Jasmina, était directrice commerciale à la Banque Nationale. Mon père, Sandi, travaillait pour une grande société d'édition. À la fin de cette première vie, mon frère, Sanel, terminait son secondaire et j'étais une élève de 6e année pleine d'entrain.

Mon pays, la Bosnie-Herzégovine, faisait partie de la Yougoslavie, située entre l'Italie et la Grèce.

La capitale, Sarajevo, était une belle ville européenne, moderne et entourée de montagnes d'une beauté à couper le souffle. En 1984, elle accueillait des Jeux olympiques d'hiver qui sont restés dans les mémoires.

Tout a changé le 6 avril 1992. J'avais douze ans. Ce matin-là, j'étais prête à partir pour l'école et je suis entrée dans le salon. Mes parents semblaient tristes et inquiets. J'ai demandé à ma mère ce qui se passait et c'est à peine si je l'ai entendue répondre :

— Nadja, il n'y a pas d'école aujourd'hui.

— C'est férié ? me suis-je exclamée, tout excitée.

De nouveau, elle a murmuré :

— Nadja, il s'agit de tout, sauf d'une fête.

C'était le début de la guerre. Et de ma seconde vie.

Nous avons passé la journée devant la télévision, incapables de croire à ce que nous voyions : des groupes d'hommes en armes et portant des cagoules dressant des barricades par toute la ville et bloquant les rues. Le lendemain, un tonnerre d'explosions et le sifflement des balles nous plongeaient dans la terreur, nous précipitant, ainsi que nos voisins, vers les sous-sols. Nous étions plus de 270 occupants dans cet immeuble, et nous nous retrouvions entassés dans trois minuscules pièces souterraines.

Durant des jours et des jours, nous avons respiré un air humide et confiné, mourant de peur chaque fois que les explosions faisaient trembler le plafond au-dessus de nos têtes. Nous avons fait durer le plus possible ce qui nous restait de pain, de biscuits, de jambon et d'eau. Nous sommes devenus silencieux et apathiques, comme les sacs de sable empilés contre les murs pour nous protéger des éclats de verre. Finalement, après des semaines passées dans le froid et le noir des caves, nous n'avons plus pu nous cacher la vérité : la guerre était là pour longtemps.

Le 31 mai 1992, j'ai ouvert mon cahier et j'ai commencé à écrire. Tout de suite, ce journal est devenu un ami à qui je pouvais confier ce que j'avais le plus désespérément besoin de partager. C'était ma seule oasis de paix au milieu du chaos.

Je suis adulte aujourd'hui, et je vis ma troisième vie en Amérique du Nord, mais ce journal demeure mon bien le plus précieux. Il raconte une petite partie de l'histoire de ma ville, qui s'est battue pour survivre en dépit des tanks et des armes acharnés à la détruire.

Je me demande souvent pourquoi je suis restée en vie alors que des milliers d'enfants ont été tués sauvagement. Je n'ai pas de réponse. Je sais que rien ne pourra les ramener à la vie, mais l'oubli ne ferait que les enterrer davantage. Ils vivront dans mon cœur et dans les pages qui suivent autant que je vivrai moi-même et que je ferai connaître leur histoire.

31 mai 1992

La guerre fait rage dans Sarajevo et dans mon pays. Sa première victime a été Suada Dilberovic, une étudiante en médecine de Dubrovnik. Sa vie a été fauchée dans la fleur de l'âge par un franc-tireur sur le pont de Vrbanja. Une foule immense s'était massée devant le palais présidentiel afin de protester contre l'invasion. Depuis le toit du Holiday Inn, des francs-tireurs ont tiré sur des citoyens sans armes venus exprimer leur désir de vivre dans la paix et l'unité.

J'ai regardé ces images de guerre à la télévision, mais j'ai gardé toute ma tristesse à l'intérieur. À présent, près de deux mois plus tard, je ne suis plus capable de supporter tous ces sentiments refoulés. C'est pourquoi je t'écris, cher journal.

En ce moment même, les détonations assourdissantes me font sursauter et me ramènent à cette cruelle réalité. Mon âme se brise lorsque je vois ma ville en train de se faire détruire. Je ne comprends pas pourquoi cela nous arrive. Je voudrais me réveiller de ce cauchemar, mais, au contraire, chaque aube nouvelle se lève parmi les hurlements des sirènes anti-aériennes et je dois rejoindre ce sous-sol crasseux. Pour attendre.

1er juin 1992

Ce matin, contrairement à l'habitude, tout est calme. On pourrait presque se croire revenu en temps de paix, même si je ne suis pas certaine de me souvenir de ce que c'est que vivre en paix. L'école est fermée depuis une éternité et je n'ai revu aucun de mes amis. Les fleurs du printemps ont dû éclore, mais je ne les ai pas vues. Et voilà que les sirènes brisent ce bref silence. Je fourre dans mon sac d'école des biscuits, des cartes à jouer et mon ours en peluche favori, puis je me dirige vers le sous-sol.

RETOUR EN ARRIÈRE

Pendant les premiers jours, dans les caves, ce qui me terrifiait plus encore que les explosions secouant l'immeuble, c'était que, pour la première fois, je voyais mes parents en proie au découragement, au désespoir. Toute ma vie, je m'étais tournée vers eux qui me prodiguaient conseils, bien-être et sécurité.

Brusquement, dans ce sous-sol sombre et sale, la guerre les avait transformés. Même lorsqu'ils essayaient de me sourire et de me rassurer, je voyais la peur qu'ils ne parvenaient pas à dissimuler. La guerre avait fait de nous tous des enfants effrayés.

2 juin 1992

Aujourd'hui, ce n'est qu'une journée de plus, triste et sanglante, de cette guerre monstrueuse. Nous vivons dans une peur constante.

Parfois, je pense à mon journal d'avant, du temps de la paix. Il était rempli de gais souvenirs et d'anecdotes joyeuses à propos d'aventures et de vacances. À présent, j'écris sur la guerre — pour moi-même et pour mes amis qui ont quitté la Bosnie. Peut-être aurais-je pu partir, moi aussi. De nombreux amis de la famille nous avaient prévenus de l'imminence de la guerre, mais nous ne pouvions croire que cela allait arriver dans notre pays. Nous y sommes donc restés, chacun d'entre nous essayant de survivre comme il peut.

22 juin 1992

Jour d'épouvante, de tristesse et de mort. Trois civils ont été tués près de la Banque Nationale, où travaille ma mère. Je n'ai jamais eu aussi peur de ma vie.

Ravalant mes larmes, j'ai prié pour qu'il ne lui arrive rien. J'ai appelé la banque, sans pouvoir mentionner son nom tant je redoutais d'apprendre une catastrophe. Heureusement, elle n'a rien eu.

Aujourd'hui, dans les rues de ma ville bien-aimée, dix-neuf personnes ont été tuées et soixante-dix-sept blessées.

4 juillet 1992

Tout à l'heure, dans un jardin, des enfants étaient en train de cueillir des cerises. Elles n'étaient pas encore mûres, mais c'étaient les premiers fruits que ces enfants voyaient depuis des mois. Soudain, un obus est tombé. Sept enfants innocents ont été tués, simplement parce qu'ils voulaient quelques cerises.

RETOUR EN ARRIÈRE

Durant les bombardements, la radio était vitale pour nous et les piles sont rapidement devenues des objets très recherchés sur le marché. La radio nous informait de ce qui se passait dans les autres quartiers de Sarajevo et dans le reste du pays. Elle nous relayait également les mises en garde des services de la sécurité publique concernant les bombardements et les activités des francs-tireurs.

Mais il n'y avait pas de voix d'enfants. Aussi, un après-midi, j'ai téléphoné à la station de radio et j'ai dit : « Bonjour, je m'appelle Nadja et j'aimerais lire quelques-uns de mes poèmes sur les ondes. » L'animatrice a semblé un peu décontenancée, mais elle a proposé de m'enregistrer. Elle a diffusé ma poésie tout au long de la journée. Je me suis sentie en profonde communication avec mes concitoyens. En fin de compte, j'avais trouvé un moyen de me faire entendre après des mois de silence et de refoulement.

15 juillet 1992

Aujourd'hui, j'ai lu à la radio nationale un texte que j'ai écrit. Je l'ai intitulé *Le printemps de la guerre*. En voici un extrait :

> Le printemps est arrivé en catimini sur ses pieds soyeux. Il craignait de réveiller les mères, les pères, les sœurs et les frères qui dormaient encore à la cave. Les oiseaux ne chantaient pas. Les abeilles ne bourdonnaient pas. Tout ce que j'entendais, c'était les explosions et le sifflement des balles des francs-tireurs. Personne n'a profité de ce printemps. Les enfants ne pouvaient voir la face radieuse du soleil. Tout était sombre, vague et gris.

Je voudrais que cette guerre cesse bientôt, et je souhaite que ce printemps de la guerre disparaisse avec elle.

29 juillet 1992

C'est aujourd'hui mon treizième anniversaire. J'en suis heureuse, mais je sais qu'en ce moment précis quelqu'un souffre de la perte d'un ami ou d'un parent. Des amis de l'immeuble sont venus célébrer ma fête. Je n'ai pas invité ceux des autres quartiers de Sarajevo : ce serait trop dangereux pour eux de s'aventurer dans les rues. Malgré tout, nous avons passé un bel après-midi à parler, à rire et à jouer.

Mon seul vœu est de célébrer mon prochain anniversaire avec tous mes amis dans une Sarajevo libre.

13 août 1992

Tandis que je suis assise dans ce sous-sol sombre et moisi, écoutant les déflagrations des bombes, je me demande...

Est-ce que ces gens, dans les montagnes, sont heureux lorsqu'ils tirent et tuent ? Ressentent-ils de la tristesse pour leurs victimes et pour la ville qu'ils sont en train de détruire ? Versent-ils une larme quand ils voient une vieille dame pleurer la mort de son petit-fils ? Sont-ils émus par les yeux tristes et les visages pâles des enfants ?

30 août 1992

Vers midi, les habitants du quartier périphérique d'Alipashino Polje faisaient la queue pour avoir du pain. Un obus est tombé dans la foule, tuant huit personnes et en blessant plus de cinquante. Juste à ce moment-là, mon père était bénévole pour la Croix-Rouge. Il était allé chercher des rations de riz et de farine avec un groupe de voisins. Ils sont passés par cet endroit quelques minutes avant l'explosion fatale et ils n'ont échappé à la mort que de justesse.

Quel soulagement cela a été de le revoir indemne!

4 septembre 1992

Si nous étions en temps de paix, mes amis et moi serions prêts à entamer la nouvelle année scolaire. Nous serions reposés et bronzés. Au lieu de ça, nous sommes ici, jouant dans les couloirs et les escaliers de notre immeuble. Nos visages sont pâles, avec des cernes violacés sous les yeux. Nos chaussures sont trop petites. Chaque jour, nous nous réunissons dans un couloir différent afin de ne pas gêner toujours les mêmes voisins, même s'ils sont plutôt tolérants.

Aujourd'hui, nous avons rendez-vous avec Mme Jasmina, qui nous donne des leçons de couture et de tricot.

7 septembre 1992

Nous sommes réunis au sous-sol. Nous avons apporté des tas de fils de couleur, des aiguilles, des ciseaux et des bouts de tissu pour fabriquer des jouets en peluche avec Mme Jasmina. Il faisait froid, mais nous nous sommes bien amusés.

12 septembre 1992

C'est samedi. Maintenant que nous sommes prisonniers dans cette ville en état de siège, je suis prise d'un amour soudain pour les prés, les arbres fruitiers, les légumes, les fraises, les framboises et tout ce dont nous disposions à la campagne. Je n'aimais pas y aller, avant la guerre, à cause de toutes les corvées que cela représentait. Je crois qu'on n'apprécie vraiment une chose que quand on l'a perdue.

J'espère que lorsque cette guerre sera terminée et que nous serons libres, ma famille ira passer le plus de fins de semaine possible à l'endroit que je préfère : notre maison de campagne !

16 septembre 1992

Aujourd'hui, mes amis et moi — les Résidents de la cave, comme nous nous nommons nous-mêmes —, nous avons organisé une exposition de dessins et de travaux manuels. Nous étions tous très excités et nous avons parlé de notre exposition à tout le monde. Nous avons rédigé à la main des invitations spéciales pour les occupants les plus âgés de l'immeuble. Je les ai divertis en jouant de la guitare. Quelle magnifique exposition !

RETOUR EN ARRIÈRE

Dès le début de la guerre, nous avons dû apprendre à vivre sans électricité. Plus de courant, ça voulait dire plus d'ascenseur jusqu'à notre quatorzième étage, plus de lumière, plus de télé, plus de four ni de gâteaux. Aussi avons-nous dû trouver le moyen de faire notre propre pain.

Il a fallu quelques mois à papa pour tomber sur une bonne affaire au marché aux puces : un petit fourneau de cuivre que nous pouvions utiliser sur notre balcon. Il l'a échangé contre du riz, quelques morceaux de savon et un bidon d'huile. Jusqu'alors, une voisine généreuse du rez-de-chaussée permettait à tous d'utiliser son four à bois. Comme le temps était encore assez doux, elle l'avait transporté à l'extérieur, dans une des parties communes. Bien sûr, chacun fournissait son propre bois.

Le four était vite devenu le centre d'un lieu de réunion. Les voisins apportaient des coussins, des tabourets et des chaises, et ils discutaient en attendant que cuisent leur pain ou leurs tartes. Ma mère préparait la pâte et me la laissait pour que je la fasse cuire dans la journée, pendant qu'elle était au travail.

Un jour, ayant vu mon pain sortir du four si plat et si avachi, quelques vieilles femmes avaient murmuré que ma mère ne savait probablement pas préparer la pâte à pain. Ce n'était pas vrai : pendant les vacances, avant la guerre, ma mère faisait un pain délicieux.

J'ai donc demandé à la propriétaire du four pourquoi mon pain ne gonflait pas. « La levure est sans doute éventée », m'a-t-elle répondu. « Je t'en donnerai de la mienne. » Le lendemain, je suis allée à son appartement avec de la farine et de l'huile, et nous avons préparé la pâte en utilisant sa levure. Moins de vingt minutes plus tard, la pâte gonflait et débordait du moule ! J'étais si excitée que j'ai failli laisser tomber le lourd plat en me rendant au four.

Finalement, le pain a cuit, arborant une belle croûte dorée. Les femmes de l'autre fois étaient assises autour du four. Je leur ai montré le pain et les ai regardées droit dans les yeux.

— C'est ma mère qui l'a fait ! ai-je proclamé.

26 septembre 1992

Mes amis et moi échangeons des recettes de guerre inventées par nos mères et utilisant un minimum d'ingrédients. Cet après-midi, maman a fait des biscuits au drôle de goût avec du cacao, un peu de sucre et de la farine de maïs un peu gâtée. Je les ai partagés avec tous les enfants de l'immeuble. Les biscuits n'étaient pas aussi bons que ceux que ma mère faisait autrefois, mais nous étions tous ravis d'avoir quelque chose de sucré à nous mettre sous la dent. Je rêve du jour où je pourrai sortir pour aller m'acheter de la crème glacée !

RETOUR EN ARRIÈRE

Mon frère avait presque tout le temps faim, durant la première année de la guerre. Cela m'attristait et j'ai essayé de trouver le moyen de lui faire des desserts. Dans les rations de l'aide humanitaire, nous recevions parfois des sachets de jus de fruits en poudre. Mélangé dans de l'eau, cela donnait du jus d'orange ou de bleuets. Je délayais cette poudre dans très peu d'eau pour préparer un glaçage épais, puis je prenais quelques biscuits ou du pain que je recouvrais de mon glaçage pour en faire des petits gâteaux. Sanel les adorait !

1ᵉʳ octobre 1992

Personne dans le monde ne semble désireux de sauver de l'extermination le peuple de Bosnie. Le froid glacial menace d'en finir complètement avec les gens qui meurent déjà de faim. Il y a de moins en moins d'arbres dans la ville. Même les espèces rares dont nous prenions grand soin depuis tant d'années ont disparu. Il y a de plus de plus de notices nécrologiques dans les journaux, de plus en plus de blessés et de mutilés. Nos médecins tentent d'opérer dans des conditions qui datent de plus d'un siècle.

2 octobre 1992

Dans le journal d'aujourd'hui, j'ai lu un article à propos de la violence faite aux jeunes filles. Certaines personnes abusent des enfants d'une façon absolument monstrueuse. Ces filles n'oublieront jamais. Elles auront toujours peur.

    Y a-t-il quelque chose d'humain dans ces soi-disant « personnes » ? Comment peuvent-elles agir ainsi et regarder ensuite leurs propres enfants dans les yeux ?

3 octobre 1992

L'agresseur essaie toujours de prendre la ville. Les habitants du faubourg de Grbavica ont été expulsés sans rien d'autre sur le dos que leurs vêtements. Beaucoup sont envoyés dans des camps de concentration. Je ressens une immense compassion pour ces malheureux ; je n'arrive cependant pas à comprendre complètement ce qui leur arrive. Cette guerre m'a apporté beaucoup de souffrance, mais leur tragédie se situe au-delà de ce que j'aurais pu imaginer.

4 octobre 1992

Les médicaments manquent cruellement à Sarajevo, car nous sommes encerclés par les tanks et la ville est coupée de l'extérieur. Beaucoup de gens appellent la station de radio pour indiquer les médicaments dont ils ont besoin. Nous avons ainsi entendu quelqu'un demander un médicament que ma famille possédait, et papa y est allé pour le donner.

10 octobre 1992

Aujourd'hui, les agresseurs ont bombardé l'orphelinat Ljubica Ivezic. Ils ont tué trois enfants et en ont blessé grièvement treize — des enfants qui avaient déjà vécu de grandes souffrances, ayant été privé des soins et de l'affection de leurs parents. Aucune raison humaine ne peut justifier un tel crime.

Pourquoi cela arrive-t-il ? Je ne connais pas la réponse.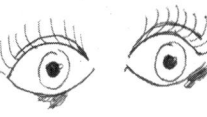

17 octobre 1992

On appelle Sarajevo « le plus grand camp de la mort du monde ». Bientôt, l'hiver va prendre sa part de victimes. J'ai le cœur brisé quand je vois une vieille dame casser les branches d'un buisson pour les enfouir dans un vieux sac déchiré. Tant de gens sont affamés ! Ils fouillent dans les décharges, mais comment peuvent-ils espérer trouver à manger dans des tas d'ordures alors qu'il ne reste plus rien dans les garde-manger ?

30 octobre 1992

Le 18 octobre, la matinée était si ensoleillée et si étrangement calme que j'ai demandé à maman de me laisser sortir. J'avais désespérément besoin de chaleur et de soleil. J'ai supplié, pleuré jusqu'à ce qu'elle cède. « Rien qu'un moment, d'accord ? » a-t-elle dit. J'avais déjà franchi la porte et je l'ai à peine entendue. J'ai dévalé les quatorze volées de marches.

Parvenue au dehors, je me suis simplement immobilisée, subjuguée par la beauté du monde. Soudain, il y a eu une explosion. De la fumée et de la poussière partout. J'ai regardé autour de moi comme une folle. Finalement, à travers l'épaisse fumée, j'ai vu tout un pan de notre immeuble pendre devant moi.

Je me suis ruée dans l'entrée en hurlant. J'ai tâté ma jambe et j'y ai senti du sang. Je ressentais aussi une douleur aiguë aux jambes, mais j'ai continué ma course jusqu'à ce que je tombe sur une voisine. Je lui ai sauté au cou et elle m'a attirée jusqu'à sa porte. Bientôt, une douzaine de voisins se trouvait rassemblée autour de moi, proposant de l'aide. Je n'étais qu'à demi consciente, mais je les entendais malgré ma confusion. Certains criaient, d'autres essayaient de me parler. Je n'osais pas regarder mes jambes, même si les voisins les avaient déjà enveloppées dans des serviettes pour enrayer le saignement. J'ai vu mon sang sur les murs et sur le plancher.

Tout à coup, j'ai reconnu la voix de mon père. Il m'a prise dans ses bras. J'entendais ses faibles gémissements tandis qu'il me soulevait. Puis un inconnu généreux a offert de nous conduire, ainsi que d'autres victimes, à l'hôpital. La chemise de mon père était souillée de mon sang. Il m'a pressée doucement contre sa poitrine, en ramassant mes jambes comme s'il avait peur qu'elles se sauvent. À demi hébétée, j'ai murmuré : « Papa, ne me laisse pas perdre mes jambes. »

À l'hôpital, une infirmière m'a allongée sur une civière et m'a emmenée dans une grande salle pleine de morts et de blessés. Sur les lits, les civières, même sur le plancher, partout gisaient des corps. On m'a demandé d'attendre parce que des victimes dans un état bien plus grave que le mien ne cessaient d'affluer de toutes les parties de la ville. Près de moi, on a retiré sans anesthésie un éclat de shrapnel du dos d'un jeune garçon. Il essayait d'étouffer ses gémissements en mettant sa main sur sa bouche. Il montrait tant de courage que j'ai arrêté de pleurer.

Finalement, le médecin et l'infirmière sont venus vers moi. Ils ont déchiré mon pantalon pour examiner mes jambes. J'avais perdu beaucoup de sang, mais l'os n'était pas atteint, et ils n'ont pas eu à m'amputer. Je me suis remise à pleurer. Le docteur m'a assuré que je n'avais pas à demeurer dans un hôpital surchargé et que je pouvais rentrer à la maison.

Papa et moi avons attendu dans le hall de l'hôpital dans l'espoir de trouver quelqu'un qui nous ramène. Quelques minutes plus tard, le sang réapparaissait sur mes jambes et il a fallu refaire les bandages.

Tandis que j'étais allongée sur la civière, une fille est venue me parler. Ses parents et son frère se trouvaient à l'hôpital, blessés par un obus qui avait touché leur appartement. Elle avait été blessée, elle aussi, mais elle était déjà guérie. Ça m'a redonné de l'espoir.

Au bout d'une heure environ, un ami de mon père, journaliste, s'est trouvé à passer à l'hôpital. Il a proposé de nous reconduire. Tandis que lui et papa me transportaient à la voiture, des taches écarlates fleurissaient sur les bandages. On m'a ramenée en vitesse voir le médecin, qui a remis des bandes sur les deux couches précédentes. Je me suis sentie désolée à cause de la quantité qu'il utilisait pour moi, car je savais qu'il en manquait.

Quand nous sommes rentrés chez nous, Sanel s'est précipité sur moi, il m'a prise dans ses bras et il s'est mis à pleurer comme un enfant. C'est alors seulement que je me suis rendu compte à quel point nous nous aimions. Il m'a portée dans les escaliers tout au long des quatorze étages.

Des jours pénibles et des nuits d'insomnie ont suivi. Aussitôt que je fermais les yeux, je voyais de la fumée et du sang partout. Ma mère me nourrissait à la cuiller, comme lorsque j'étais petite. Voisins et amis sont venus me voir tous les jours. Chacun apportait avec soi une précieuse friandise : une pomme, une carotte, un morceau de chocolat ou du jus d'orange. C'étaient alors de véritables produits de luxe. Les voisins les plus âgés me donnaient un morceau de gâteau ou de pain qu'ils avaient préparé. C'est cette attention et cette gentillesse de tous qui m'ont ramenée à la vie.

Plus tard, je n'ai plus eu besoin d'aller à l'hôpital pour faire changer mes bandages. Deux infirmières à domicile venaient panser mes blessures et soulager ma douleur. Le directeur et les membres de Palcici — la chorale dont je fais partie — ont chanté et dansé pour moi. Ils m'ont redonné confiance en disant que je serai capable de danser de nouveau avec eux. Je ne me suis jamais sentie seule, car il y avait toujours quelqu'un à mes côtés.

J'ai récupéré lentement, mais j'ai changé aussi. Je suis plus craintive et plus inquiète, et j'ai vieilli.

RETOUR EN ARRIÈRE

J'ai été incapable de marcher pendant deux semaines. Sanel, maman et papa devaient me porter à la salle de bains plusieurs fois par jour. Lorsque maman se trouvait au travail et que papa était parti en quête d'eau et de nourriture, Sanel devait me transporter seul. Je me sentais honteuse et irritée que mon frère de dix-neuf ans m'emmène aux toilettes.

Un jour que nous étions seuls, lui et moi, j'ai décidé de me rendre aux toilettes par moi-même. J'ai roulé hors du lit comme un sac de pommes de terre, heurtant le sol des genoux et des épaules. Mes jambes étaient inertes, je me suis donc traînée avec les bras. C'était fatigant, mais j'ai réussi à ramper sur le tapis comme un serpent blessé.

Enfin, je suis arrivée à la porte de la salle de bains et je me suis relevée en m'arc-boutant contre le mur. Lorsque je suis parvenue à la cuvette, je me suis assise sur l'abattant et j'ai repris mon souffle. J'ai dégagé mon front des cheveux collés par la sueur et j'ai appelé :

— Sanel, devine où je suis ?

— Dans ton lit, bien sûr, a-t-il répondu. Où voudrais-tu être ?

— Non, Sanel. Aux toilettes !

Quelques secondes plus tard, il apparaissait, avec un sourire stupéfait.

— Tu as réussi, Nadja. Tu as réussi !

Je me suis sentie tellement encouragée que j'ai essayé de revenir à mon lit de la même façon. Sanel a dû m'aider un peu, mais, le lendemain, j'ai rampé de nouveau. En fin de compte, j'ai recommencé à marcher, lentement, en m'aidant des bâtons de ski de Sanel. Peu importe combien de fois je suis tombée, mon unique pensée était : « Je vais marcher de nouveau ! »

1er novembre 1992

Aujourd'hui, l'UNICEF a annoncé le début de la Semaine de la paix pour les enfants, et Palcici a donné un concert. Je marche toujours avec les bâtons de ski et je ne peux donc pas danser, mais j'ai présenté toutes les chansons. Pendant la dernière, on m'a ramenée et j'ai essayé de danser, mais j'ai perdu l'équilibre. Le directeur de la chorale se trouvait là et il m'a rattrapée avant que je tombe. Après le spectacle, on nous a régalés d'un véritable délice : du chocolat chaud et des croissants !

RETOUR EN ARRIÈRE

Depuis l'âge de neuf ans, je faisais partie de Palcici, une chorale d'enfants connue internationalement qui avait fait des tournées en Bosnie, en France et en Italie. Malheureusement, dès le début de la guerre, plusieurs membres avaient fui le pays avec leur famille et beaucoup d'autres n'étaient pas autorisés à risquer leur vie dans les rues pour se rendre aux répétitions. Nos effectifs ont fondu d'une centaine de jeunes chanteurs à une douzaine.

Au début, nous nous réunissions dans les appartements des uns ou des autres. Notre directeur apportait sa guitare et nous apprenions des chansons d'espoir et de paix. En dépit des bombardements, nous allions chanter dans les hôpitaux, les écoles clandestines, les jardins d'enfants et les orphelinats. J'étais toujours profondément émue de voir que notre musique allumait une lueur d'espoir dans les yeux submergés de tristesse des enfants blessés et des orphelins.

Plus tard, nous nous sommes retrouvés aux studios d'enregistrement de la Télévision nationale et de la radio. Nous avons enregistré nos chansons et réalisé quelques vidéos qui ont été fréquemment diffusées à la télé.

Chanter et présenter des spectacles avec Palcici était nécessaire pour moi, pas seulement à cause du réconfort que cela procurait à ceux qui nous écoutaient, mais aussi pour moi-même. Beaucoup d'autres choristes ont dû éprouver le même sentiment, car, peu à peu, Palcici a retrouvé ses effectifs d'avant la guerre.

Alors que les explosions et les sifflements des balles menaçaient de devenir le seul environnement musical de Sarajevo, les enfants ont répliqué avec des chansons.

3 novembre 1992

Les agresseurs ont rompu le cessez-le-feu promis pour la Semaine de la paix pour les enfants. Les enfants n'ont-ils aucune signification pour eux ? S'ils n'aiment pas les enfants des autres, peuvent-ils réellement aimer les leurs ?

Tout ce que nous pouvons trouver à manger se réduit au riz, aux macaronis et aux haricots. Aussi manquons-nous des vitamines nécessaires. Ma famille a reçu des suppléments vitaminés d'une organisation humanitaire, La Benevolencia. Nous en sommes vraiment heureux et reconnaissants.

4 novembre 1992

La seule chose certaine, c'est que l'hiver arrive. On nous a promis des feuilles de plastique pour réparer les fenêtres brisées. Nous espérons que ça nous tiendra un peu au chaud.

5 novembre 1992

Notre cher zoo n'est plus! Son dernier pensionnaire, l'ours brun, est mort de faim aujourd'hui.

6 novembre 1992

La plupart des arbres ont été coupés pour faire du bois de chauffage et nous ne pouvons plus voir leurs feuillages prendre leurs belles couleurs d'automne. Mais nous attendons la pluie avec impatience afin de recueillir l'eau.

    La mort est tout ce que nous pouvons rencontrer dans les rues. La vie semble avoir moins de valeur qu'une tranche de pain ou un verre d'eau. Malgré tout cela, Sarajevo continue de vivre.

8 novembre 1992

Écoles, garderies et musées — tout ce qui symbolise la culture, le savoir et l'éducation — est en train d'être détruit. On nous donne nos cours dans des classes improvisées dans des sous-sols ou des appartements.

Aujourd'hui, quelques personnes ont reçu des paquets de nourriture de l'organisation humanitaire Merhamet. Comme j'ai été blessée, j'en ai reçu un, moi aussi. J'en suis très reconnaissante, mais je sais que des milliers de personnes ont également besoin d'une telle aide.

RETOUR EN ARRIÈRE

Il faisait très froid, dans le sous-sol, lorsque nous restions assis quatre heures d'affilée pour la classe. C'est difficile de se concentrer quand on doit constamment se frotter les mains, les oreilles et le nez pour conserver sa chaleur. Chacun fournissait quelque chose à brûler dans le poêle — des morceaux de meubles, ou même une poignée de touches de piano. J'ai apporté quelques chaussures de maman. D'autres n'avaient que des morceaux de pneus, qui sentaient terriblement mauvais en brûlant. En dépit du froid, nous aimions la classe : cela nous permettait de rencontrer nos amis, et nos vies en paraissaient un peu plus normales.

9 novembre 1992

J'écris tout en regardant le journal du jour, *Oslobodjenje*. Les yeux d'un garçon de dix ans semblent me dévisager avec innocence au-delà de la photographie. Adnan Sehic se trouvait dehors avec sa mère, ses grands-parents et son oncle, en train de ramasser du bois. Sur le chemin du retour, un obus a explosé. Adnan a été aveuglé par la fumée. Il n'a entendu que des cris. Il s'est précipité dans une maison voisine. Tous ont été blessés, sa mère plus grièvement que les autres. On ne sait pas si elle survivra.

Adnan est toujours à l'hôpital, à cause de ses blessures aux jambes. Il est terriblement inquiet pour sa mère, d'autant plus que son père a été écrasé par un train il y a cinq ans. Sa petite sœur de sept ans demeure chez sa tante. Adnan a reçu une poupée de la part d'une dame qui confectionne des jouets pour les enfants malades. Il pense la donner à sa sœur lorsqu'elle viendra le voir.

10 novembre 1992

Je ne peux oublier l'image des grands yeux noirs d'Adnan que j'ai vus dans le journal d'hier. On y lit de l'incompréhension : pourquoi tout cela ? Pourquoi laisse-t-on de telles choses m'arriver ?

On dit que treize mille enfants ont été tués dans mon pays. Le monde, cependant, se tait.

21 novembre 1992

Je suis de bonne humeur, aujourd'hui. Nous avons acheté un poêle et du bois de chauffage. Nous aurons moins froid.

30 novembre 1992

Sarajevo se dilue dans les pluies d'automne. Sarajevo sombre dans la mort, puis renaît. Sarajevo se bat et se défend. Même s'il ne reste plus une seule famille dont le foyer n'ait pas été envahi par la tristesse.

RETOUR EN ARRIÈRE

Il y avait dans notre appartement des lits moelleux, confortables, mais plus personne n'y dormait. Dormir dans un lit, près d'une fenêtre, était extrêmement dangereux, car la fenêtre pouvait voler en éclats au cours de la nuit à cause des explosions.

La grande table à dîner en bois ne servait plus ni pour la famille ni pour les amis ; elle avait été débitée en morceaux pour chauffer le poêle. Même la vue magnifique sur les montagnes était à présent menaçante : c'est là que se cachaient les tanks qui nous prenaient pour cible.

2 décembre 1992

Plus d'eau, plus d'électricité, plus de gaz. Il n'y a plus rien !

5 décembre 1992

Nous sommes l'avenir de cette planète. Nous voulons grandir libres et heureux. Hé, toi ! L'humanité ! Je suis ton avenir, alors fais cesser ces guerres sanglantes. Laisse ton cœur s'emplir de chaleur et d'amour. Est-ce que ce ne serait pas merveilleux si tous les enfants du monde allaient à l'école en chantant ? Si seulement les adultes redevenaient des enfants. Il n'y aurait plus de guerres, plus de souffrances ni de massacres. Il n'y aurait plus de haine ni de mensonge.

15 décembre 1992

J'ai quelque chose de très important à vous dire. Aujourd'hui, alors que maman m'aidait à changer mes bandages, nous avons trouvé un gros éclat de shrapnel dans une croûte qui est tombée : le plus gros jusqu'ici. J'ai eu de la chance que ce soit le côté le plus lisse qui m'ait heurtée, sinon l'os aurait été endommagé.

J'ai décidé de le garder en souvenir. Mais, quand j'y pense, pourquoi ai-je besoin d'un tel souvenir ?

RETOUR EN ARRIÈRE

C'était la première nuit du Nouvel An depuis le commencement de la guerre. À minuit, nous nous sommes réjouis et embrassés, mais, tandis que les bombes et les coups de feu se mettaient à retentir, nous nous sommes rendu compte qu'au lieu de feux d'artifice dans la nuit, nous n'aurions que de la fumée, des incendies et les détonations de la guerre. Notre joie s'est instantanément muée en angoisse. Ma seule résolution du Nouvel An a été de tenter de rester en vie, et mon seul vœu a été que chaque personne présente dans la pièce vive assez pour célébrer la prochaine année.

1er janvier 1993

JE VOUS SOUHAITE UNE JOYEUSE NOUVELLE ANNÉE ! Nous avons passé la nuit du Nouvel An avec nos voisins. Nous avons préparé des sandwichs au soja, du gâteau à la menthe, du gâteau de riz, de la tarte au riz, du riz au vin et du gâteau au chocolat et au riz — il y avait du riz dans presque tout ! Nous avons dansé et joué de la musique. Nos yeux étaient embués de larmes quand nous nous sommes souhaité une année de paix les uns aux autres. C'est horrible de penser ainsi, mais certains d'entre nous ne verront peut-être jamais la paix.

Puisse l'année passée être la dernière de la guerre !
Et puissent ces pages refléter le bonheur et la paix de mon âme.

15 janvier 1993

Aujourd'hui, à 14 h 20, un missile mortel a explosé devant la brasserie de Sarajevo, où des habitants étaient venus chercher de l'eau. Huit morts et quinze blessés ! Au même instant, deux enfants étaient blessés et perdaient père et mère.

Si j'avais le droit de vivre, ce que je n'ai pas, si j'étais quelqu'un au lieu de n'être qu'un simple numéro, je souhaiterais que tous les agresseurs, tous les ennemis des enfants ressentent la même tristesse, la même douleur qu'ils nous infligent.

Un immense chagrin me submerge le cœur. Les gens tués cet après-midi sont morts en ayant soif.

RETOUR EN ARRIÈRE

L'eau était extrêmement précieuse. Le contenu de chaque seau avait plusieurs usages. En premier lieu, maman l'utilisait pour rincer la vaisselle. Puis l'eau savonneuse était versée dans un seau en prévision du lavage des plats du lendemain. Ensuite, elle servait au nettoyage des meubles et des planchers. Puis ma mère lessivait le palier de notre étage et, pour terminer, elle la jetait dans la cuvette des toilettes en guise de chasse d'eau.

2 février 1993

Il est 8 h du matin. Nous avons de l'électricité. Aussi nous dépêchons-nous d'exécuter plusieurs tâches. Papa remonte des seaux d'eau par l'ascenseur, maman fait cuire du pain, prépare le souper et fait la lessive. Sanel passe l'aspirateur et j'aide maman à la cuisine. Mon école de guerre commence dans une demi-heure. Il fait froid et je dois porter des gants. Malgré cela, je me sens joyeuse, car je vais revoir mes amis. J'espère qu'ils seront tous là.

11 février 1993

Je suis désolée de ne pas avoir écrit depuis longtemps, mon cher ami. Il m'est venu à l'idée que je pourrais envoyer une lettre au président des États-Unis, M. Bill Clinton, de la part de tous les enfants, pour lui demander de l'aide. Je l'ai lue aujourd'hui à la radio.

21 février 1993

Aujourd'hui, Palcici a donné un concert à mon école, mais à peine avions-nous commencé que des obus ont explosé à quelques pas de là. Nous avons eu peur, mais, en vrais professionnels, nous avons continué, même si une partie de l'assistance est partie avant la fin. Tout le monde était terrorisé. Le concert terminé, je suis rentrée précipitamment à la maison.

5 mars 1993

Des jours, des semaines, c'est presque une année entière qui s'est écoulée: on dirait que cette guerre insensée ne finira jamais. Sarajevo s'enfonce de plus en plus dans la misère. La nourriture et le bois se font rares, mais mon sort m'est devenu presque indifférent. Mes larmes sont taries. J'ai oublié à quoi ressemble un matin quand on n'est pas réveillé par le bruit des bombes. J'ai oublié ce qu'est une journée calme et une nuit paisible. Je me suis faite à cette vie humiliante, si tant est qu'on puisse appeler ça une vie.

8 mars 1993

Aujourd'hui, c'est la Journée internationale de la femme. Maman utilise ce qui reste d'un colis de nourriture que nous ont envoyé d'Alsace, en France, des gens généreux.

Mon frère et mon père m'ont offert un magnifique cadeau : une petite boîte avec un miroir et du rouge à lèvres. J'ai fait onze cartes de vœux pour des amies de maman. Beaucoup d'entre elles ont pleuré en les recevant, surtout celles dont les enfants ont quitté Sarajevo.

Depuis qu'il est trop dangereux d'aller à l'école, les cours sont diffusés à la radio. J'étais en ondes et j'ai félicité toutes les mères courageuses de mon pays. Je leur ai souhaité de pouvoir célébrer la prochaine Journée des femmes en famille, dans le bonheur et la liberté.

Ce vœu se réalisera-t-il ?

5 avril 1993

Les journées de guerre passent et se ressemblent. Il n'y a pas d'électricité, pas d'eau, pas de bois pour le feu, pas de pain, pas de nourriture, pas d'amis — pas même notre voisin. Hier, il s'est aventuré à l'extérieur à la recherche de quoi manger, et il n'est pas revenu.

17 avril 1993

Aujourd'hui, j'ai été invitée à assister au lancement du livre *Maman, je ne veux pas aller à la cave*. C'est une anthologie de dessins, de lettres et de poèmes produits par les enfants de la guerre. Elle comprend quatre de mes poèmes. J'en suis très heureuse. Cela m'encourage à continuer d'écrire.

RETOUR EN ARRIÈRE

Après quelques spectacles donnés par Palcici pour des officiels et des soldats de l'ONU, il y a eu une réception. Des serveurs s'y déplaçaient avec de grands plateaux chargés d'incroyables friandises : sandwichs, viandes et fromages. Dès que l'un d'eux passait près de moi, je prenais un ou deux morceaux que j'enveloppais parfois dans ma serviette pour les rapporter discrètement à la maison, afin de faire une surprise à mon frère perpétuellement affamé.

12 mai 1993

Aujourd'hui, c'est l'anniversaire de mon cher frère. Maman et moi avons préparé des sandwichs et des douceurs. Si seulement on avait du Coca-Cola !

Les amis de Sanel sont arrivés dans l'après-midi et ils ont passé une merveilleuse journée. Mais nous n'avons pas pu lui faire de cadeau, car il n'existe plus aucun endroit pour en acheter.

30 mai 1993

À Sarajevo, c'est le chaos. Depuis les montagnes qui l'encerclent, les agresseurs pilonnent la ville sans relâche. Aujourd'hui, 20 personnes ont été tuées, et 170 blessées.

31 mai 1993

La journée a été plutôt calme. Quand maman est rentrée du travail, elle a dit que les rues étaient jonchées de débris de verre, de gravats et de ferrailles tordues. Mais le pire, c'est qu'on y trouve aussi des chaussures et des vêtements éparpillés, ainsi que des restes humains.

2 juin 1993

Aussitôt levée, j'ai commencé à me préparer pour le tournage de l'émission *La télévision des enfants*, qui accueille Palcici aujourd'hui. Le tournage a duré de 10 h 30 à 15 h 30 et j'étais exténuée. Quand je suis rentrée à la maison, je n'ai pas pu manger, car j'avais avalé un énorme sandwich à la télé. Du moins m'at-il semblé énorme. Avant la guerre, il m'aurait paru ordinaire.

RETOUR EN ARRIÈRE

Au cours de la deuxième année de guerre, les enseignants ont commencé à diffuser leurs cours à la radio. Le vendredi était mon jour préféré : c'était celui des jeux-concours. Les enfants qui avaient le privilège de posséder des piles et un téléphone en état de marche appelaient pour répondre aux questions du professeur. Au bout de plusieurs mois, durant lesquels les réponses avaient été enregistrées, on annonçait les dix meilleurs scores. Les gagnants recevaient des livres et des friandises.

Chaque vendredi, je m'asseyais sur le plancher avec le téléphone sur mes genoux, quasi ensevelie sous les livres, les dictionnaires et les encyclopédies. Aussitôt que la question était formulée, je composais le numéro de la station, mais la ligne était souvent occupée, car l'émission était très suivie par les enfants. Alors j'ai essayé d'être plus maligne et d'appeler avant la fin de la question. Quelquefois, ça marchait, mais je ne connaissais pas la réponse. D'autres fois, Sanel et papa n'étaient pas d'accord avec ma réponse et ils criaient la leur dans l'appareil depuis une autre pièce ! Pauvre professeur ! Il se trouvait aux prises avec trois joueurs entêtés criant chacun sur la même ligne. Ces instants étaient à la fois comiques et stimulants. Ils nous faisaient échapper à notre triste réalité, même si cela ne durait pas.

4 juin 1993

C'est vendredi. Je suis prête à appeler pour un jeu-concours à la radio. Je n'ai pas encore gagné de points jusqu'ici, mais je m'amuse toujours beaucoup les vendredis.

6 juin 1993

J'ai réuni les enfants de l'immeuble : nous allons faire notre propre journal ! Nous avons décidé de l'appeler *Les enfants de Sarajevo*. Chacun a une tâche précise : certains vont faire des dessins, d'autres écriront des histoires ou des poèmes. Nous aurons aussi des blagues, des jeux de lettres et les recettes de guerre de nos mères. C'est ainsi que les enfants se battent pour la liberté — tout en s'amusant beaucoup !

13 juin 1993

Il n'y a pas de pain dans les boulangeries aujourd'hui parce qu'il n'y a ni eau ni électricité dans la ville entière.

Je suppose que je me suis habituée à cette guerre sans rime ni raison, parce que j'avais décidé d'aller à la répétition de la chorale. Alors que je me préparais, un obus a explosé tout près de notre immeuble et je me suis rendu compte qu'il était trop dangereux de sortir dans les rues. D'ailleurs, les bombes continuent de tomber dans le voisinage.

Oh! J'allais oublier : je suis en neuvième place au concours de la radio. Il y a une fête pour les gagnants aujourd'hui, mais le bombardement n'a pas cessé et je n'ai aucun moyen de m'y rendre.

[danger]

14 juin 1993

Ma mère est allée travailler en dépit des bombardements. Je suis tellement inquiète quand elle sort. Parfois, je reste recroquevillée près de la porte jusqu'à ce qu'elle rentre.

Nous avons entendu dire que nos défenseurs progressent dans leur lutte en Bosnie et que les agresseurs se vengent sur Sarajevo. Ils se vident de leur haine sur des enfants et des civils désarmés.

15 juin 1993

J'ai passé la journée à jouer de la guitare, à lire des bandes dessinées et à m'amuser avec le jeu que j'ai reçu en prix au concours de la radio. J'ai même étudié un peu parce qu'il n'y a pas grand-chose à faire. Il m'est impossible de sortir — au cinéma, dans les magasins ou là où j'avais l'habitude d'aller avant. C'est profondément ennuyeux.

17 juin 1993

Je suis allée à l'école, mais les cours ont été annulés. Alors j'ai écouté la radio scolaire et j'ai dessiné. Quand on s'ennuie, les minutes s'écoulent si lentement qu'une heure paraît une année. Cette guerre semble durer un siècle.

27 juin 1993

Aujourd'hui, c'est le cinquante et unième anniversaire de mon père. J'ai confectionné une carte et des biscuits « de guerre » que j'ai disposés dans une jolie boîte. Je voulais lui faire une surprise, alors j'ai déposé la boîte sur le palier, à l'extérieur de l'appartement, puis j'ai sonné et je suis vite rentrée me cacher. Papa m'a demandé d'aller ouvrir, mais j'ai dit que j'étais occupée. Il a trouvé ça étrange, vu que je me précipite toujours sur la porte à la moindre visite. Il a ouvert lui-même et a été très ému de découvrir mon cadeau. Il a lu ma carte, puis nous avons partagé les biscuits.

28 juin 1993

Aujourd'hui a été un jour de chance. J'ai appris à faire du vélo ! J'ai aussi transporté sept bidons de dix litres d'eau tout au long des 252 marches qui mènent à notre quatorzième étage ! Plus de 70 litres en tout.

RETOUR EN ARRIÈRE

Depuis des mois, je n'avais pas vu le moindre fruit. Puis Sanel a obtenu un boulot d'interprète auprès des Nations Unies, en bosnien et en anglais. Quand les soldats lui ont demandé s'il préférait être payé en argent ou en nourriture, Sanel a choisi la nourriture. Un après-midi, il m'a rapporté une orange. Pendant des heures, je l'ai tenue dans mes mains, pleurant et riant à la fois. J'avais l'impression de tenir le monde entier dans mes mains.

5 juillet 1993

Un franc-tireur sévit dans le voisinage. Ma mère est allée travailler en dépit du danger. Papa est sorti pour chercher de la terre. Puisqu'on ne peut plus acheter de légumes nulle part, nous allons essayer d'en faire pousser sur le balcon.

30 juillet 1993

Hier, j'ai eu quatorze ans et nous avons fait une petite fête. Nous n'avons pu jouer, chanter ou parler trop fort, car les voisins du dessous viennent juste de perdre leur fils, qui défendait la colline de Zuc. Nous pouvions entendre leurs pleurs.

À quelques reprises, cependant, mes amis et moi nous sommes laissés aller à bavarder un peu fort et maman a dû nous rappeler à l'ordre.

12 août 1993

Des gens qualifient de « bêtes » ou d'« animaux » les meurtriers des collines. Mais je pense que, même si les animaux ne sont pas humains, ils en ont certaines qualités. Ils sont souvent plus sensibles et aimants que les humains. Ils sont des amis fidèles. Ceux qui tuent les enfants et les personnes âgées, qui bombardent les hôpitaux, les écoles et les orphelinats, sont absolument inhumains.

31 août 1993

Je sais que je n'ai rien écrit depuis plusieurs jours, mais je ne t'ai pas oublié! La violence a diminué et j'ai pu sortir pour faire du vélo. Je ne me lasse jamais du plein air!

Le vélo est devenu le moyen de transport le plus populaire. Les gens entassent des piles de bois sur leurs vélos. Ça me fait peur. Ça me rappelle que l'hiver sera froid, sans gaz ni électricité.

1ᵉʳ septembre 1993

Je vais à une répétition cet après-midi. Ensuite, papa m'emmènera à une audition pour le programme de chant, à l'école de musique. Toutes ces activités donnent à ma vie un air de normalité. Nous devons éviter de stagner. Nous devons continuer à nous développer, à nous cultiver, car nous faisons toujours partie de l'Europe.

2 septembre 1993

J'ai gagné le troisième prix au concours musical à la radio ! Demain à 9 h, les gagnants seront interviewés en direct sur les ondes, puis nous irons déjeuner ensemble. Il y aura aussi la remise des prix. Mes parents m'accompagneront.

RETOUR EN ARRIÈRE

L'entrevue à la radio a été formidable ! Je me sentais tellement bien et tellement excitée dans le studio que j'ai beaucoup parlé. Après l'émission, l'équipe m'a demandé si je voulais travailler avec elle ! Nous avons ri.

14 septembre 1993

L'école reprend! Me rendre en classe aujourd'hui m'a rappelé les beaux jours de la paix. Cependant, cette journée a quelque chose d'irréel.

24 septembre 1993

Le téléphone est de nouveau coupé, et je ne peux plus appeler la radio pour les jeux-concours. Il y a des matins où je ne me lève que pour le concours.

Maman m'a acheté une nouvelle paire de bottes d'hiver! J'ai de la chance qu'elle ait pu en trouver une parce qu'il n'y a plus beaucoup de chaussures dans les magasins. Elle l'a achetée aussitôt, car qui sait combien elle coûtera l'hiver venu?

26 septembre 1993

C'est une journée particulière parce que nous avons retardé nos montres d'une heure. Nous ne sommes plus à l'heure d'été. En fait, il y a autre chose de particulier aujourd'hui : papa et moi sommes allés au centre-ville en vélo pour voir un spectacle intitulé *Commencer la nouvelle année scolaire dans la joie* et commandité par la Première Ambassade des enfants. Il y a eu des saynètes et des chansons, et nous avons beaucoup ri. De telles occasions sont pour nous de merveilleuses échappées hors du quotidien.

1ᵉʳ octobre 1993

Papa m'a emmenée chez le docteur, qui a dit que les contractions de ma jambe ne cesseront pas tant que les débris de shrapnel n'auront pas été retirés. Quand j'examine mes cicatrices, je me dis qu'elles seraient peut-être moins apparentes si je pouvais aller à la plage cet été et bronzer. Je regarde les photos de nos dernières vacances d'été et, d'une certaine manière, cela soulage ma douleur.

2 octobre 1993

L'électricité est revenue à 7 h ce matin. Ça a été la course. Prendre un bain, faire la vaisselle, repasser, faire la cuisine, passer l'aspirateur et nettoyer avant que le courant ne soit coupé de nouveau. Quelques heures d'électricité nous ramènent à une vie normale en nous permettant, par exemple, de prendre l'ascenseur ou d'entendre la sonnette de l'entrée. Si au moins je pouvais utiliser dix minutes de ce précieux temps pour regarder un film !

4 octobre 1993

Dans le journal d'aujourd'hui, j'ai lu un article à propos d'une petite fille de cinq ans prénommée Irma, qui ne marchera plus jamais. Irma a été blessée par l'obus qui a tué sa mère. Elle a immédiatement été évacuée vers la Grande-Bretagne, où elle a subi plusieurs opérations. Malgré cela, elle ne retrouvera jamais l'usage de ses jambes. Elle commençait tout juste à découvrir le plaisir de marcher, de courir, de danser, et, à présent, elle en est privée pour toujours.

7 octobre 1993

Le brouillard, en cette matinée d'octobre, me rappelle ce matin calme et brumeux d'il y a un an où, au lieu du pépiement des moineaux, j'ai entendu l'explosion de l'obus qui m'a blessée.

J'essaie d'imaginer ce que cet homme a ressenti et pensé quand il a tiré. Je devais représenter une sorte de menace pour lui, mais comment une jeune fille de treize ans aimant l'école et la musique, n'ayant pas encore quitté l'enfance, peut-elle être une menace pour qui que ce soit ?

8 octobre 1993

Le courant est revenu. Je me suis séché les cheveux avec un séchoir électrique !

13 octobre 1993

Maman et moi sommes allées à ma leçon de chant dans le camion de la compagnie d'électricité. Le chauffeur prend souvent des passagers et conduit courageusement du côté de la rivière. C'est extrêmement dangereux, car il doit traverser les grandes intersections, où les francs-tireurs tirent sur tout ce qui bouge. Mais c'est le moyen le plus rapide de se rendre en ville. Aussitôt que sifflent les balles, nous baissons la tête, comme si cela pouvait suffire.

15 octobre 1993

Au Théâtre pour la jeunesse, Palcici a donné un concert pour les représentants de l'UNICEF et les enfants qui pouvaient s'y rendre. Chacun d'entre nous a reçu un merveilleux colis de vivres. Incapables d'attendre d'arriver chez nous, nous les avons ouverts dans l'autobus.

18 octobre 1993

Ça fait un an que j'ai été blessée. Cicatrices et éclats de shrapnel demeurent, mais la blessure la plus profonde est dans mon âme.

Ce matin, j'ai refusé de sortir. J'avais peur que le cauchemar ne recommence. Mes parents semblaient ne pas comprendre cette crainte quasi superstitieuse, mais ils ne m'ont pas obligée à quitter l'appartement. Je sais qu'aucun mur ne pourra me protéger si cela doit se reproduire. Tout de même, à un moment, j'ai été sur le point d'ouvrir la porte, mais, l'instant d'après, j'avais envie de me cacher.

Après avoir longuement réfléchi, je me suis convaincue qu'il fallait aller à l'école. Cela a été une bonne décision, car le fait d'être en classe a apaisé mes craintes. Malheureusement, le bombardement a recommencé. Je suis restée cachée dans l'école pendant presque une heure avant d'oser rentrer à la maison. Je ne savais pas si mes pas m'éloignaient des bombes ou s'ils m'en rapprochaient, mais je suis finalement arrivée chez moi.

Plus tard, j'ai fait mes devoirs et j'ai joué de la guitare. Une journée de plus.

20 octobre 1993

Je suis allée à l'école de musique, mais ma leçon de chant a été annulée à cause du bombardement. Dans l'après-midi, j'ai chanté à un spectacle monté par une organisation humanitaire, Les fleurs de l'amour, qui nous fait correspondre par lettres avec des enfants de France. Mon grand-père, que je n'avais pas vu depuis des mois, est venu voir ma prestation. Je pouvais lire la fierté sur son visage. J'ai été vraiment heureuse de le voir.

Chacun des enfants a reçu un colis de première nécessité envoyé par un enfant français. Le mien avait été envoyé par un garçon nommé Grégory. C'était vraiment magnifique de recevoir des friandises et des fournitures scolaires, mais le plus beau cadeau était d'avoir un nouvel ami. Grégory est maintenant mon correspondant. Il me raconte ce que sa mère et son petit frère ressentent pour nous et souhaite que nos souffrances prennent bientôt fin.

Sur le chemin du retour, maman et moi avons essayé de profiter d'une voiture, mais sans succès. De terribles explosions retentissaient dans toute la ville. Finalement, un camion-citerne nous a embarquées et nous a fait faire la moitié du trajet.

25 octobre 1993

Aujourd'hui, le quotidien local *Oslobodjenje* a publié mon article intitulé *Papa, ne me laisse pas perdre mes jambes*, où je raconte la journée au cours de laquelle j'ai été blessée.

Si cette folie cesse un jour, les articles de journaux, les livres et les enregistrements vidéo ne reflèteront qu'une petite partie de ce génocide.

J'ai eu un examen de chimie à l'école. Je ne sais pas ce que ça va donner. Papa est allé aux entrevues parents-professeurs ce soir. Oh oh! J'espère qu'il sera content de ce qu'on lui dira.

RETOUR EN ARRIÈRE

Ma famille avait de la chance quand nous pouvions avoir de la viande une fois par semaine. Une boîte de thon ou de bœuf haché était une véritable fête.

Au début de l'automne 1993, papa avait commencé à préparer un plat savoureux, apparemment composé de champignons qu'il ramassait dans les champs. Il les faisait frire dans un peu d'huile et de moutarde, et nous adorions ça.

Un jour, alors que j'étais seule à la maison, j'ai aperçu un escargot brun ramper sur le mur de la cuisine. Le lendemain soir, tandis que nous dégustions les délicieux champignons de papa, je leur ai fait part de ma découverte. Sanel a failli s'étrangler et il a laissé tomber sa fourchette. Papa a regardé maman, puis Sanel, puis moi, avant d'avouer: « En fait, nos champignons, ce sont des escargots. »

Le silence a régné un moment, puis, tranquillement, Sanel a repris sa fourchette et il a continué à manger. Je me suis représenté papa à genoux sur le sol humide en train de ramasser des escargots, risquant sa vie en plein champ parmi le sifflement des balles. J'ai souri et j'ai dit rapidement: « Ils sont succulents, papa. Merci. »

30 octobre 1993

J'ai feuilleté mon album de photos. Mon regard était attiré, sur les photos de fêtes d'anniversaire, par les tables couvertes de victuailles. Je n'ai pas vu autant de nourriture depuis tellement, tellement longtemps ! Parfois, je ne me souviens même plus du nom de mes gâteaux ou de mes biscuits préférés.

Pour me consoler, je lis les journaux. En dépit de tout, le Festival du film de Sarajevo a lieu actuellement. On y projette des dessins animés et des documentaires, mais je ne peux pas y aller à cause des bombardements. Ces jours-ci, je n'ose pas m'aventurer à l'extérieur. Les obus explosent un peu partout et j'ai le sentiment que ma peur se transforme en lâcheté, ce qui me fait réellement horreur.

5 novembre 1993

Je n'ai pas écrit depuis plusieurs jours parce que ceux-ci se suivent et se ressemblent. Mais aujourd'hui, c'est l'anniversaire de mon grand-père. Je ne peux pas lui rendre visite à cause des bombardements. Le téléphone de mes grands-parents ne fonctionne pas, mais nous avons appelé leurs voisins pour qu'ils transmettent à mon cher grand-père les meilleurs vœux du monde.

Je me souviens quand nous allions chez lui pour célébrer sa fête. Tout le monde était là : enfants, petits-enfants, voisins et amis. À présent, cet heureux passé semble si loin, repoussé par la mort et par la souffrance. Notre famille est éparpillée de par le monde.

Je te souhaite un joyeux anniversaire, cher grand-père. Puisses-tu en connaître beaucoup d'autres.

9 novembre 1993

Je suis allée à l'école, comme d'habitude. Pendant la classe de musique, une explosion a interrompu notre chant. Nous sommes restés longtemps à l'intérieur, car nous avions peur de sortir dans la rue. Nous nous sommes rendu compte plus tard que l'obus était tombé sur une salle d'une école voisine. Huit personnes ont été tuées, parmi lesquelles l'enseignante Fatima Gunic et trois de ses élèves. Plusieurs autres ont été grièvement blessés, tout cela parce qu'ils avaient eu le courage d'aller à l'école malgré les bombardements. Des enfants ont été massacrés parce qu'ils refusaient d'abandonner leur éducation.

Autre tragédie du jour : le célèbre Vieux Pont a été détruit. La ville de Mostar a perdu son symbole.

10 novembre 1993

Aujourd'hui, je suis allée à l'ouverture d'une soupe populaire à mon école. J'avais prévu de jouer de la guitare et de chanter, mais une insupportable tristesse m'en a empêchée. Nous avons mangé, même si chaque bouchée était dure à avaler, car au même moment, à l'école voisine, se tenait une cérémonie commémorative pour les victimes d'hier.

Peace Please

[La paix, s'il vous plaît]

1ᵉʳ décembre 1993

Ma ville est constamment bombardée. Cinq à dix civils sont tués chaque jour. J'ose à peine jeter un coup d'œil à l'extérieur et je suis inquiète pour mon frère : il travaille aujourd'hui.

8 décembre 1993

>Je vis cette vie humiliante, une vie qui a cessé d'être humaine,
>entre sirène et sirène,
>entre cave et sous-sol.
>L'air a une odeur de feu.
>Je ne vois que sang et victimes.
>Telle une prisonnière, je regarde la fumée s'élever des immeubles de ma ville.

Nadja bébé, en vacances
sur la côte adriatique

Nadja dans la neige avec
sa mère, Jasmina

Nadja bébé dans
l'Adriatique

Nadja enfant mangeant
du pain

Nadja et son père, Sandi, à Dubrovnik

Nadja faisant de la balançoire dans un parc avec sa mère et son frère, Sanel

Nadja et Sanel sur les murs de la vieille ville, à Dubrovnik

Nadja à neuf ans, en hiver, dans la maison de campagne familiale

Nadja et son père à la maison de campagne

Nadja et sa mère à Paris, lors d'une tournée
avec Palcici, la chorale des enfants

Photo de la classe de Nadja en 5ᵉ année, juste avant la guerre. Elle et ses deux meilleures amies sont assises sur la première marche. Nadia est la deuxième en partant de la gauche, ses amies sont à sa gauche

Palcici revient en force, vers la fin de la guerre

Nadja à 14 ans, devant le bâtiment de la radio
et de la télévision nationales

Nadja donnant son premier concert

Nadja avec ses parents

Nadja écrivant son journal

Les enfants de Sarajevo, le journal créé par les enfants de l'immeuble de Nadja

Nadja avec les fleurs qu'elle a reçues
après une lecture publique de son livre

Nadja parmi les ruines de la Bibliothèque nationale,
à l'été 1996

La façade de la Bibliothèque nationale

Le bâtiment de la présidence après qu'il a été incendié

11 décembre 1993

Aujourd'hui, c'est le dixième anniversaire de mon cousin Jasenko. Nous l'avons appelé au téléphone pour lui souhaiter ce qu'il y a de meilleur au monde. Nous ne pouvons pas aller le voir à cause des sirènes et des bombardements. Il a dû se contenter d'un baiser par téléphone.

13 décembre 1993

Ma mère va travailler chaque jour, mais elle fait aussi du bénévolat à l'Hôpital national en tant que membre de l'Association des femmes de Bosnie. Elle transporte de l'eau, donne à manger aux patients et nettoie leurs plaies. Quand elle rentre à la maison, elle est triste et exténuée. Je l'ai entendue dire à papa que cela la déchirait de voir la jeunesse de Bosnie sans bras ni jambes. Je suis inquiète pour elle.

24 décembre 1993

Un concert de Noël officiel a été donné aujourd'hui à la cathédrale de Sarajevo. Palcici a chanté. Le concert s'est terminé par le message « Paix aux hommes de bonne volonté ! » J'espère que tous les gens qui fêtent Noël pourront célébrer le prochain dans la paix et le bonheur.

Ensuite, nous avons reçu des colis de friandises. Lorsque nous sommes revenus dans notre quartier, celui-ci était étrangement calme. La rue était déserte. Un homme est passé en courant et nous a dit que plusieurs obus étaient tombés tout près une dizaine de minutes auparavant.

27 décembre 1993

Comment pourrons-nous survivre ? Au cours des cinq derniers jours, plus de vingt mille obus sont tombés sur le faubourg de la colline de Zuc.

Savent-ils qu'ils tuent non seulement des Bosniaques, mais aussi des Croates, des Serbes et tant d'autres qui considèrent ce pays comme leur patrie ? Savent-ils que nous nous aidons mutuellement, que nous nous aimons mutuellement ? Savent-ils que les jeunes se marient sans se préoccuper des différences religieuses, mais uniquement de leurs cœurs et de leurs personnalités ? Je ne peux plus écrire sur ce sujet. Ça fait trop mal.

31 décembre 1993

Cette dernière journée de 1993 se déroule sous un bombardement intensif. Quatre obus sont tombés sur le centre-ville. Comme d'habitude, les victimes sont des civils. Il y a eu cinq morts et trente blessés. Pauvres gens ! Ils ne voulaient qu'une tranche de pain ou un morceau de tomate pour apporter un peu d'espoir aux dernières heures de l'année écoulée et aux premières de la nouvelle. Au lieu de ça, cette année sanglante s'achève dans les gémissements et le bruit assourdissant des explosions.

Une autre année empoisonnée par la guerre est passée. Mon vœu est que la paix règne sur toute la planète, qu'il n'y ait plus de guerre nulle part et que je retrouve ma liberté. Je souhaite que les gens aiment et soient aimés. Enfin, j'espère que les mots que je trace seront plus réjouissants.

JOYEUSE NOUVELLE ANNÉE !

[survie]

3 janvier 1994

Aujourd'hui, dans les décombres d'une maison du faubourg de Boljakov Potok, cinq personnes gisent sans vie, exécutées par le même obus. En ville, une famille entière de six personnes a péri dans sa salle à manger. Un obus en a frappé un des murs. J'aimerais pouvoir cesser de penser à tout ce chaos qui m'environne, mais c'est impossible.

6 janvier 1994

La Croix-Rouge nous a donné des vêtements neufs aujourd'hui. J'ai reçu un blouson chaud, des collants rouge et vert et une paire de bottes.

Je rentrais à la maison, joyeuse, lorsque les tirs ont recommencé. J'ai pris peur et je suis allée me réfugier dans l'escalier du plus proche immeuble. J'ai attendu pendant vingt minutes que cesse le bombardement, mais, finalement, j'ai décidé de courir jusque chez moi. J'ai trouvé ma mère en larmes. Elle était inquiète pour moi, et elle pleurait aussi la mort de deux amis qui ont été tués aujourd'hui en revenant de leur travail.

11 janvier 1994

Le matin. Une matinée calme. Le soleil brille et les oiseaux gazouillent. Soudain, une explosion, et le verre brisé tombe autour de moi tandis que je me jette sur le sol. Une autre explosion! Je demeure paralysée par la peur jusqu'à ce qu'un hurlement de ma mère me fasse sursauter. Je me précipite dans le couloir... une troisième, une quatrième, une cinquième explosion — le plancher tremble dangereusement sous nos pieds, comme s'il allait s'ouvrir en deux et nous avaler. Je pleure et me pelotonne contre ma mère. Une sixième détonation, et les fenêtres de la cage d'escalier volent en éclats.

Puis c'est le silence. Je n'entends plus que ma mère qui me console tandis que je suis morte d'inquiétude pour papa, qui est de service pour la Croix-Rouge. Quelques instants plus tard, les voisins dévalent les escaliers en direction du sous-sol. Des mères appellent leurs enfants en hurlant. Chaos et confusion. Je sens la panique envahir le visage de ma mère, mais, quand elle voit que je la regarde, elle essaie de sourire.

Lorsque je trouve enfin assez de courage pour regarder par la fenêtre du côté de mon école, je ne vois pas âme qui vive dans la rue. Sur les marches de l'école, j'aperçois un corps. J'ai appris plus tard qu'il s'agit d'une femme dont la tête a été arrachée par un obus.

En entrant dans ma chambre, maman et moi avons découvert un fragment de shrapnel encastré dans le rebord de la fenêtre. Un grand morceau de vitre était tombé sur mon bureau et ma chaise était couverte d'éclats de verre. Le danger — la mort elle-même ! — avait été si proche.

22 janvier 1994

Cela a été une calme journée de janvier. Les enfants sont sortis pour jouer dans la neige, tout bonheur et sourires. Soudain, un obus. Les enfants n'ont pas pu rentrer chez eux, car un deuxième a explosé juste devant eux.

Mes petits amis inconnus, Indira, Jasmina, Nermin, Mirza, Admir et Daniel n'ont eu aucune chance.

De nombreux enfants ont été blessés. Le petit Mohammed, âgé de huit ans, se rétablit de ses graves blessures aux jambes et à la mâchoire à la clinique des enfants. Les chirurgiens luttent pour sauver les jambes des frères Elvir et Admir.

J'ai vu la photo de Jasmina, quatre ans, dans la rubrique nécrologique. Ses yeux brillaient de l'éternelle question : Pourquoi ?

Il n'y a pas de réponse.

26 janvier 1994

Parfois, je pense qu'il n'y a plus d'espoir et que nous sommes tous en train de mourir lentement pendant que le monde entier regarde en silence.

On nous envoie des miettes de nourriture, sans jamais condamner ceux qui nous assassinent. Je suis certaine qu'on pourrait nous apporter la paix plutôt que de la nourriture. Si cela continue ainsi, dans quelques années, il ne restera plus personne à nourrir. Les agresseurs tuent des enfants et violent des femmes. Les gens, de par le monde, regardent et ont peut-être une pensée pour nous, confortablement assis dans leurs maisons ou leurs palais. Ne sont-ils pas capables de voir ?

Au nom des dizaines de milliers d'enfants blessés qui supplient qu'on les aide, au nom de ceux qui ont donné leur vie pour la paix et la liberté de la Bosnie-Herzégovine :

MONDE, JE T'EN PRIE, RÉVEILLE-TOI ET AIDE-NOUS !!!

2 février 1994

Je ne suis pas sortie depuis le 6 janvier. Marcher dehors me manque cruellement, mais je ne peux même pas y jeter un coup d'œil. Je n'ose pas à cause des tirs. Chaque nuit, tandis que les obus vrombissent, j'entrouvre légèrement ma fenêtre et je prends quelques goulées d'air frais. Je rêve d'air.

Maman a pris quelques jours de repos à son travail et, pour le moment, je n'ai plus à m'inquiéter de savoir si, étant partie, elle rentrera à la maison.

5 février 1994

Quelle journée horrible ! Un obus a explosé au marché Markale. Soixante-huit habitants de Sarajevo ont été tués, et plus d'une centaine blessés. Une catastrophe ! Cette soirée se passe dans le chagrin et les larmes.

Peace please help us

[La paix, s'il vous plaît, aidez-nous]

6 février 1994

C'est dimanche, jour de deuil. La ville est calme comme un cimetière. Seuls de rares passants se hasardent dans les rues de ma chère Sarajevo. Silence…

8 février 1994

Aujourd'hui, c'est le dixième anniversaire des quatorzièmes Jeux olympiques d'hiver — ceux de Sarajevo! J'ai regardé à la télé des enregistrements de cet événement spectaculaire avec un mélange de fierté et de tristesse. Une terrible tragédie se déroule en un lieu qui a fasciné le monde entier en 1984, et accable un peuple qui a réuni tous les pays et offert amour et amitié à chaque visiteur.

Pourquoi?

16 février 1994

Cette journée passe paisiblement. Je peux entendre des enfants crier au dehors en faisant de la luge. Est-ce un signe de paix?

18 février 1994

Par la fenêtre, dans la rue, je regarde une foule de gens et d'enfants, me disant qu'il serait si facile de s'habituer à la paix. Peut-être ce calme soudain vient-il de ce que l'OTAN a envoyé un ultimatum à l'agresseur pour qu'il cesse le feu et retire ses tanks.

Ce soir, je suis sortie faire de la luge pour la première fois depuis le début de la guerre.

19 février 1994

Le vrombissement des avions de l'OTAN sur la ville me réveille chaque matin. Au début, cela m'embête parce qu'ils commencent de bonne heure, mais je ravale vite mes plaintes : l'OTAN peut faire cesser cette guerre. Je me lève et j'entame une nouvelle journée.

Aujourd'hui, nous avons reçu de l'aide humanitaire : des haricots, de l'huile et du sucre, qui nous faisait défaut depuis longtemps.

L'anxiété ambiante est grande, mais aussi l'espoir, car nous attendons les résultats de l'ultimatum des Nations Unies.

20 février 1994

Je compte les heures qui nous séparent de la date limite de l'ultimatum. La tension croît de minute en minute. Les avions de l'OTAN survolent la ville.

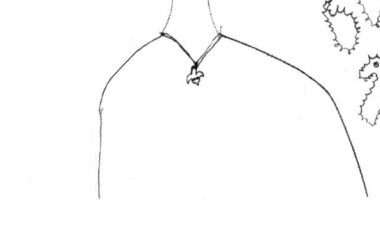

21 février 1994

La nuit dernière, tout Sarajevo était sur les nerfs. J'ai dormi tout habillée. J'ai mis quelques cartes, des biscuits et mon ours en peluche dans mon sac à dos, que j'ai gardé près de mon lit au cas où il faudrait se réfugier au sous-sol en vitesse au milieu de la nuit. Les avions survolaient la ville en vrombissant. Les Nations Unies ont averti que si le cessez-le-feu n'était pas respecté et que les armes n'étaient pas retirées, les avions de l'OTAN frapperaient. Aux premières nouvelles du matin, on a annoncé que l'agresseur s'était partiellement conformé aux termes de l'ultimatum. Pour le moment, l'OTAN n'utilisera donc pas la force contre lui.

On nous a dit qu'après trente-trois mois de peur et de misère, nous pouvons sortir dans les rues et qu'il n'y a plus de danger. J'espère de tout mon cœur que c'est vrai.

Il est difficile de croire que l'idée d'intervenir est finalement venue à quelqu'un après la mort de plus de 10 000 habitants de Sarajevo, parmi lesquels 1500 enfants.

Je considère ces derniers événements avec méfiance. Je ne comprends pas grand-chose à la politique, mais je crois que beaucoup de gens auront honte de ne pas avoir fait cessé cette guerre plus tôt et de ne pas avoir sauvé des milliers de vies.

24 février 1994

Sommes-nous en train de nous habituer à la paix ? Il me faut le croire, puisque mes cousins Jasenko et Ada vont venir nous rendre visite : après deux ans, je vais enfin les revoir ! C'est comme s'ils arrivaient d'un autre monde, alors que, en fait, nous n'étions séparés que par une quinzaine de kilomètres.

[Sommes-nous plus proches de la paix ?]

6 mars 1994

Il m'est difficile de décrire mes sentiments, ces jours-ci. Quand la paix n'était pour moi qu'un rêve, mon cœur tressaillait à la pensée de la joie, du bonheur, des fleurs et de la musique. À présent que la paix est là, je ne ressens plus rien. Avons-nous trop souffert ? Peut-être sommes-nous tellement habitués à refouler nos émotions que nous avons oublié comment les montrer... ou bien nous n'osons pas. J'espère que, peu à peu, les sentiments de paix et de bonheur vont retrouver leur place.

8 mars 1994

JE SOUHAITE UNE BONNE JOURNÉE DES FEMMES À TOUTES LES FEMMES DU MONDE !

Aujourd'hui, j'espère que les mères de Bosnie-Herzégovine et du monde entier recevront baisers et câlins de leurs enfants. Je souhaite que ce jour de fête soit le dernier que tant de mères de mon pays célébreront loin de leurs chers enfants !

Est-ce une coïncidence si, aujourd'hui, après deux années, les trams roulent de nouveau dans ma Sarajevo bien-aimée ? Même si c'en est une, c'est un beau cadeau pour les mères. L'ambiance n'est pas facile à décrire. Le cœur bat, la première fois que le tram se fait entendre. Les gens sont si heureux : ils saluent le chauffeur de la main. Certains laissent échapper une larme. Il y a dans l'air un indescriptible parfum de paix.

13 mars 1994

Bonne fête de l'Aïd à tous les Musulmans ! J'espère que tous les habitants de mon pays seront capables de célébrer leurs fêtes dans l'unité, la paix et le bonheur.

16 mars 1994

Pouvez-vous imaginer le merveilleux sentiment qui me remplit le cœur tandis que je suis assise dans ma chambre, en train d'écrire ? Comme notre appartement n'était plus chauffé et que notre petit poêle ne chauffait que la cuisine, ma chambre a été utilisée comme débarras. Le froid et l'humidité ont fait apparaître des taches de moisissure vertes sur les murs. Après les avoir nettoyés, j'y ai collé des affiches de mon groupe favori, U2. J'ai placé des jouets, des livres, des albums de photos et un globe terrestre sur les étagères. J'ai enfin un endroit pour moi. Le vieux réveil vert m'y accompagne. J'ai l'impression que son tic tac est plus fort quand il est l'heure d'aller à l'école. Quand je me couche, en revanche, il est plus doux, comme s'il me chantait une berceuse.

Et maintenant, la blague du jour :

Nous avons introduit un peu de variété dans notre alimentation. Un jour, nous mangeons des haricots rouges. Le lendemain, ce sont des haricots noirs. Le jour suivant, des haricots rouges. Ensuite, des haricots noirs...

18 mars 1994

C'EST UN GRAND JOUR POUR LA BOSNIE-HERZÉGOVINE ! Aujourd'hui, à Washington DC, a été signé l'accord créant la Fédération croato-musulmane. De nombreux politiciens du monde entier étaient présents, parmi lesquels M. Bill Clinton, le président des États-Unis.

19 mars 1994

Il y a quelques jours, j'ai vu un groupe de soldats des Nations Unies à la télé. Du sac d'un des soldats dépassait un petit panda en peluche. À ce moment-là, j'ai ressenti un pincement au cœur. C'était incroyable! Un rude soldat transportant un panda en peluche dans son sac! Qu'est-ce qu'on peut ressentir en arrivant dans un pays en guerre, sachant qu'on n'en reviendra peut-être pas? Chacun de ces hommes a dû laisser une mère éplorée, un père, une épouse ou une petite amie. Le soldat avec la peluche a probablement un enfant qui l'attend à la maison. Au dernier moment, peut-être, une petite fille a donné son jouet favori à son père pour le protéger. Et le panda suit le soldat partout. Chaque fois qu'il en a le loisir, cet homme prend l'animal et pense à sa famille.

J'espère que tous les Casques bleus pourront bientôt rentrer chez eux et retrouver leur famille parce que leur présence ne sera plus nécessaire ici.

20 mars 1994

L'hiver vit ses dernières heures. Dans l'après-midi, il y a eu un match de soccer entre les Forces de protection des Nations Unies et le club de Sarajevo. Il a eu lieu dans le plus grand stade de la ville. Papa m'a invitée à y assister, mais je suis effrayée par les grandes foules.

L'ambiance était superbe et festive ! J'ai pu en juger rien qu'en regardant le match à la télé : les fans criaient en agitant des drapeaux et l'orchestre jouait.

Cependant, après la partie, on a montré aux nouvelles des images des massacres de Sarajevo. La tristesse ne nous lâche pas.

21 mars 1994

La plus belle et la plus réjouissante des saisons commence aujourd'hui.
Un printemps suave et délicat, avec ses oiseaux, son soleil et des bourgeons qui apparaissent sur les quelques arbres qui restent. Les gens sont radieux. Aujourd'hui, tout ce qui vit est amoureux de la vie, de la nature et de toute cette beauté qui nous entoure.

24 mars 1994

La paix s'infiltre peu à peu par les pores de ma vie et de mon cœur. Sur le chemin de l'école, j'ai regardé le lieu où j'ai été blessée par un obus. C'est un endroit sombre et sinistre. Tout un tas de sentiments confus se bousculaient en moi. Je ressentais de la joie parce que la paix est revenue, mais, au même moment, un frisson a parcouru mon corps au souvenir de l'obus qui avait explosé si près de moi. Je me suis efforcée de ne retenir que les émotions positives et je me suis dirigée vers l'école. Dans ma tête résonnait cette phrase : Puissé-je ne pas oublier, mais que cela ne se reproduise jamais.

30 mars 1994

Les bombardements ont cessé, mais les francs-tireurs sont toujours à l'œuvre. Je continue de marcher très vite et de courir aux intersections. En me rendant à ma leçon de chant, j'ai piétiné d'innombrables éclats de verre.

Aujourd'hui, j'ai vu l'édifice connu sous le nom de « La boîte d'allumettes ». Quand il a été bombardé, tous les appartements ont brûlé. Les images à la télé étaient obsédantes : les gens, prisonniers des flammes, essayaient de s'échapper par les fenêtres. Il ne reste plus de l'immeuble qu'une carcasse avec des trous béants.

5 avril 1994

Aujourd'hui, j'ai deux mauvaises nouvelles et une bonne. La première : c'est le deuxième anniversaire de la mort de Suada, la première victime de la guerre. Ensuite, la ville déjà extrêmement éprouvée de Gorazde a subi un terrible bombardement.

Après ces tristes pensées, la bonne nouvelle nous apporte bien peu de réconfort, mais elle laisse augurer un peu d'espoir. Ce soir, après presque deux ans d'interruption, les rues de Sarajevo seront éclairées.

21 avril 1994

Les habitants et défenseurs de Gorazde ont connu leur pire journée. Des centaines de gens ont été tués. Parmi eux, une vingtaine d'enfants.
    Rien n'est fait pour leur venir en aide. Le reste du monde est assis et regarde.

24 avril 1994

La situation s'améliore enfin à Gorazde. On a organisé le transfert des blessés à Sarajevo, où ils espèrent recevoir des soins.
    J'ai l'impression d'être un grain de sable sans importance au milieu d'une montagne de choses. Ma vie n'a pas de sens. Quand il y a de l'électricité, je regarde un film et je vois que les enfants d'ailleurs dans le monde ont un avenir assuré dès leur naissance, alors que les enfants et les adultes de Bosnie doivent se battre pour construire le leur avec leur propre sang. Je ne comprends pas pourquoi les choses se passent ainsi.

2 mai 1994

J'essaie de me figurer ce que sera la vie, un jour, après la guerre, quand les réfugiés rentreront chez eux. Beaucoup ne retrouveront que des cendres. J'imagine que les retrouvailles de ceux qui sont partis avec ceux qui sont restés seront extrêmement tristes et intenses. Telle petite fille sera devenue une jeune femme et ne reconnaîtra pas son père. Tel homme se précipitera vers sa femme, avec le désir désespéré de l'étreindre, ainsi que son fils de deux ans, mais le petit garçon ne comprendra pas. C'est à peine s'il jettera un coup d'œil à cet étranger.

Et quand tout cela sera arrivé, il y aura encore plus de tristesse.

RETOUR EN ARRIÈRE

À cause de mes fréquentes interventions à la radio, où je partageais mes poèmes avec mes concitoyens, on m'a offert d'animer une petite émission du matin intitulée *La boîte à musique*. J'y parlais de compositeurs célèbres et de différents instruments de musique. J'y jouais également de la guitare, je chantais et je lisais des extraits de mon journal. Je me suis rapidement rendu compte que le fait d'offrir ainsi mes textes générait un mouvement de solidarité et de compréhension entre les habitants de Sarajevo dans l'épreuve et moi. Ce partage a finalement donné quelque chose d'absolument incroyable.

4 mai 1994

Tu sais quoi ? Non, pas un A en maths, quelque chose de bien plus sensationnel. Tu as été publié ! Je sais que ça semble incroyable, mais tu es là, posé sur mon bureau : Sarajevo, une enfance dévastée par la guerre. Je suis complètement excitée. Je trouve ça merveilleux d'avoir mon propre livre. Tu devrais voir la couverture. Je l'aime vraiment. Il y aura une lecture publique le 17 mai.

17 mai 1994

La lecture a été aussi formidable que je l'avais imaginé. La grande salle en sous-sol du Théâtre K55 était pleine à craquer de gens que j'aime et respecte. Pendant l'événement, mon cœur était remué par toutes sortes d'émotions, dont un profond sentiment de perte et de tristesse. Le directeur du théâtre, Gradimir Gojer, a dit : « Tout ceci est une partie de l'énorme dette que nous avons envers ceux qui sont disparus. » J'ai jeté un coup d'œil aux centaines de visages qui m'entouraient et j'ai compris que nous sommes une immense famille profondément blessée par la guerre. Cependant, nous nous battons tous avec courage.

À la fin, mon ami de huit ans, Biba, m'a offert un bouquet de violettes blanches et pourpres. Comment est-il possible de trouver des fleurs dans une ville où il n'y a rien à manger, pas d'eau ni d'électricité, et autant de morts ? Il y a des fleurs à l'enterrement de ceux que nous aimons… et à ma séance de lecture !

23 mai 1994

Grâce à la Croix-Rouge, nous recevons maintenant un verre de lait et un sandwich pour le repas, à l'école. Ce geste sympathique me rappelle les jours heureux d'autrefois, ce qu'une personne âgée, en temps de paix, appellerait en soupirant « le bon vieux temps ». Je n'avais jamais vraiment compris cette nostalgie. Maintenant, quand je pense à l'époque où je pouvais me promener dans la rue avec mes amis et acheter un délicieux sandwich ou de la crème glacée, je soupire à mon tour : « C'était le bon vieux temps. »

29 mai 1994

C'est dimanche. Des événements sportifs ont lieu en ville, parmi lesquels une course cycliste. C'est réjouissant de voir cette marée humaine et colorée se répandre dans les rues. Pourtant, je suis encore effrayée et je n'ose pas me joindre à cet énorme rassemblement. Je n'ai pas confiance dans le cessez-le-feu promis par les agresseurs. Je n'y croirai que lorsqu'il sera possible d'aller skier sans danger dans les montagnes qui, pour l'instant, abritent toujours leurs tanks et leurs armes.

19 juin 1994

Aujourd'hui, dans la ville apparemment paisible, la mort et la tristesse sont revenues. Quatre personnes ont été blessées dans un tram par des francs-tireurs. Un passant a également été tué près du Holiday Inn. Papa et moi venions de passer près de l'hôtel quelques minutes auparavant. Au moment même où la paix pousse les gens à sortir dans la rue se produisent ces monstruosités, et j'entends une voix qui me prévient : « Nadja, la guerre est toujours là ! »

13 juillet 1994

C'est aujourd'hui l'anniversaire de maman. Elle a reçu du parfum, mais mon propre cadeau a fait rire tout le monde. J'avais trouvé plusieurs boîtes de tailles différentes et je les avais mises les unes dans

les autres. La plus petite était un étui mauve contenant une bague. J'y avais glissé un mot disant :
« Chère maman, pour ton anniversaire, je te souhaite beaucoup d'imagination ! HA HA ! Et, bien sûr, bonheur et harmonie dans la maison. Joyeuse fête ! »

5 août 1994

Papa a repeint les murs de ma chambre. Cependant, leur blancheur austère me semble fausse. La peinture fraîche ne peut me faire oublier que, quelques jours auparavant, ces murs étaient couverts de moisissures vertes et humides et de la suie noire du poêle à bois.

6 août 1994

J'ai vu aujourd'hui une pièce intitulée *Scènes de Sarajevo*, qui présente des épisodes de notre lutte pour la survie. Une profonde tristesse transpire sous beaucoup d'humour, car nous y retrouvons notre sombre réalité. Néanmoins, le rire est un baume apprécié qui apaise notre douleur.

24 août 1994

J'aurai bientôt une audition à la Haute École de musique, et ça me rend nerveuse. Je veux vraiment faire des études de musique, mais je ne suis pas sûre d'être à la hauteur de cette audition.

28 août 1994

Grande nouvelle! Je suis acceptée à la Haute École de musique: j'ai été la meilleure candidate, avec un score de 112,5 points. Je suis terriblement excitée, mais je ne devrais pas encore faire la fière, car, devant moi, s'ouvre un long chemin de dur travail et d'abnégation.

3 septembre 1994

Avec mes amis de la chorale, j'ai visité aujourd'hui l'Hôpital des enfants et nous avons chanté pour tous les petits patients. C'était bien, mais j'ai été submergée par le chagrin en voyant ces enfants malades.

    Juste avant notre spectacle, une communication satellite a été établie avec un concert donné à Helsinki pour une cause humanitaire, et une partie de notre prestation a été diffusée devant des milliers de spectateurs.

8 octobre 1994

Aujourd'hui, des francs-tireurs ont attaqué un autre tram. Bien qu'il ait été mortellement blessé, le conducteur a réussi à mettre le tram à l'abri, à plusieurs centaines de mètres de là, avant de succomber à ses blessures. Quinze civils ont également été blessés.

    La vie est triste et affreusement cruelle, n'est-ce pas ?

18 octobre 1994

Deux années ont passé depuis que j'ai été blessée. Les cicatrices et les éclats de shrapnel dans ma jambe m'empêchent d'oublier. Cependant, si je savais que, demain, la guerre devait cesser, mes blessures me feraient moins mal.

31 octobre 1994

Une étrange tension règne sur la ville. J'ai entendu des sirènes à plusieurs reprises et la radio nous a mis en garde contre un éventuel bombardement. Inquiétude et fébrilité règnent à la maison.

8 novembre 1994

Plusieurs enfants ont été tués ou blessés au cours de la journée d'hier. Une fille de treize ans était assise dans sa chambre lorsqu'elle a été atteinte au cou par un franc-tireur. On l'a emmenée d'urgence à l'hôpital. Je l'ai vue à la télé. Images chaotiques pleines du bruit et de l'agitation des gens qui tentaient de l'aider. À un moment, la femme qui maintenait la tête de la jeune fille s'est mise à hurler : « Elle est vivante ! Elle est vivante ! » La fille a ouvert la bouche, dans une tentative désespérée de respirer. Elle a cligné des yeux une fois, deux fois, puis elle s'est éteinte pour toujours.

19 novembre 1994

Je suis terriblement triste à l'idée que l'inspiration et le besoin d'écrire me viennent des massacres et de la tragédie. À première vue, la journée d'hier semblait ordinaire. Mais le 18 novembre a été le dernier jour de Nermin, sept ans : il a vu pour la dernière fois le ciel et le soleil. Il accompagnait sa mère lorsqu'un franc-tireur a tiré sur eux.

Sa mère est grièvement blessée, mais je suis certaine que la blessure la plus grave est celle qui a brisé son cœur de mère. Une seule balle en a fini avec l'existence de Nermin. Je me souviendrai toujours, dans les larmes et le chagrin, de l'ultime promenade de Nermin.

24 novembre 1994

La nuit, au lieu de dormir, je suis envahie par des pensées sombres et lugubres. Dans le noir, devant mes yeux, défilent sans cesse des visions d'enfants morts et ensanglantés. Je suis submergée par ces images qui se succèdent. La peine et le sentiment d'humiliation sont si forts que je pleure continuellement.

Je n'ai même plus le droit de rêver. Seigneur ! Je n'ai que quinze ans !

1er décembre 1994

Chaque jour, il y a du sang et des sirènes. L'agresseur a coupé notre approvisionnement en gaz. Nous n'avons l'électricité et l'eau qu'à la petite cuiller. Tout cela me déprime et je pleure beaucoup. Cette guerre me dégoûte. Notre millième jour d'oppression approche.

4 janvier 1995

C'est l'aube. Des flocons de neige dansent dans le vent. Quelques instants plus tard, ils fondent sur la vitre. Je relève les yeux et regarde de nouveau leur danse. Ils dansent, puis fondent. C'est le spectacle de la vie et de la mort. Tout n'est qu'un éternel retour.

24 janvier 1995

Deux journalistes hollandais sont venus me voir aujourd'hui. Ils veulent faire plusieurs documentaires sur les enfants de la guerre et leur manière originale de survivre.

Voici une des questions qu'ils m'ont posées : « Quelle partie de ta vie serait susceptible d'intéresser des jeunes de ton âge, en Hollande ? » Je pense que ces enfants aimeraient savoir comment nous survivons alors que tout ce qui nous entoure est en train d'être détruit.

2 février 1995

Tout est tranquille dans Sarajevo. Les trams circulent. Il y a de l'électricité, de l'eau, et parfois même du gaz. J'en suis très heureuse, mais je rêve de courir sur la plage. Je donnerais n'importe quoi pour entendre le bruit de la mer.

12 mars 1995

Il y a eu d'intenses bombardements sur le centre-ville, la nuit dernière. Un médecin a été tué par un obus tombé en plein dans son appartement. Une autre personne a été blessée.

Sur une chaîne de télévision de l'agresseur, on a montré deux enfants morts. Le commentaire disait qu'ils avaient été tués par des francs-tireurs de notre armée de défense. Je suis terriblement choquée et perturbée par cette affaire et par la disparition de ces enfants. Des deux côtés, les enfants sont innocents. Ce sont les adultes qui doivent porter la responsabilité de ces tragédies.

14 mars 1995

Le service des trams est de nouveau arrêté. La guerre fait rage et ne semble pas vouloir cesser. Ce qui fait mal, c'est de voir que la vie paraît continuer normalement. Je suis tellement habituée à vivre dans ces conditions que je ne peux même pas imaginer que, dans d'autres pays, des gens peuvent tranquillement traverser un carrefour au lieu de se ruer comme des fous.

25 mars 1995

Aujourd'hui, j'ai chanté dans un concert organisé au profit des enfants qui ont perdu leur père pour la défense de la Bosnie. La salle était remplie de mères et d'enfants orphelins de père. Debout sur la scène, je voyais dans l'auditoire des yeux humides de larmes. Ces enfants ne méritent pas de souffrir autant! Certains ne sont que des bébés — peut-être même n'ont-ils jamais vu leur père.

À la fin du spectacle, chaque enfant a reçu un petit pécule en cadeau, mais nulle somme d'argent ne pourra apaiser leur chagrin.

3 avril 1995

J'ai des nouvelles! Nous allons déménager dans un autre appartement! Grimper quatorze étages plusieurs fois par jour était devenu extrêmement fatigant pour nous tous. Maman est épuisée par ses trajets à pied jusqu'à son travail et par ces quatorze volées de marches. Nous allons échanger notre appartement avec une dame qui veut se rapprocher de sa famille, dans notre voisinage. Le sien se trouve dans le centre-ville, au premier étage! Ce sera parfait: mon école de musique ne sera qu'à cinq minutes à pied.

25 avril 1995

Il y a tant de choses qui me démoralisent. En fait, je ne sais même pas si l'écriture me soulage.

Mon frère est coincé dans un autre quartier à cause des violents bombardements. Il a fini par trouver un téléphone et il nous a dit qu'il allait bien.

Le bombardement de la ville s'est intensifié, et l'école a été fermée jusqu'au 8 mai. Les temps sont durs, et plus encore sans amis. Beaucoup de mes amis n'habitent qu'à trois stations de tram, mais ils pourraient aussi bien vivre à l'autre bout du monde. J'ai honte de pleurer aussi souvent, mais mes larmes ne tarissent pas.

Puis je pense à tous ces gens qui ont émigré vers d'autres pays. Certains se plaignent de beaucoup souffrir, mais, au moins, ils sont à l'abri, ils ont à boire et à manger. Même s'ils étaient à la rue avec seulement un morceau de pain, ils auraient de la chance parce qu'ils n'auraient pas à craindre qu'un obus leur tombe dessus et les tue.

La liberté. Cela semble un mot comme un autre, mais quelle nostalgie et quel désir ne contient-il pas ?

Cette folie finira un jour, mais quand, mon Dieu, quand ?

(parfum de liberté)

30 avril 1995

Le cessez-le-feu de quatre mois s'achève demain à midi, mais ce n'était qu'une fausse promesse sur un bout de papier. Des centaines d'adultes et d'enfants ont été tués, blessés ou estropiés tandis qu'il était en vigueur. Quel genre de cessez-le-feu était-ce là ?

5 mai 1995

Nous avons emménagé dans notre nouvel appartement et nous avons presque fini de déballer nos cartons. Je trouve que ma chambre est la plus jolie, mais je n'ai aucun désir de me précipiter à la fenêtre pour contempler mon nouveau voisinage. Il y a de moins en moins de gens dans les rues. Vers 9 h, chaque soir, la ville sombre dans le silence et les habitants attendent anxieusement… je ne sais quoi.

J'aimerais pouvoir prendre ma bicyclette et me promener, mais la peur me submerge. En plus de ça, ma mère mourrait d'inquiétude. Sanel est à l'extérieur, quelque part. Il n'a pas dit à maman où il allait, alors elle ne peut qu'attendre et se ronger les sangs. Seigneur, combien de mères ont attendu leur fils jusqu'au petit matin pour ne recevoir qu'un affreux appel de l'hôpital ou de la morgue ?

Les mots sont impuissants à décrire ma tristesse, mon humiliation et ma misère.

[Je hais la guerre !
Oooooooooooouh]

23 mai 1995

Je viens d'entendre un obus siffler au-dessus de notre immeuble. Le téléphone est coupé et je ne peux parler ni à ma famille ni à mes amis. Je soulève constamment le combiné du téléphone dans l'espoir d'entendre la tonalité. C'est devenu une obsession : je veux être la première à annoncer la grande nouvelle que le téléphone fonctionne de nouveau.

Mais il n'y a rien d'autre que le silence.

26 mai 1995

Quelque chose de vraiment épouvantable et révoltant s'est produit hier. Il y a eu un massacre dans la ville de Tuzla : 63 morts et des centaines de blessés. Toutes les victimes avaient entre trois et vingt-cinq ans — tant de jeunes gens brutalement assassinés pendant que les troupes de « maintien de la paix » et les Nations Unies restent inactives. Je suis dégoûtée. Elles refusent de bombarder les tanks qui tuent les citoyens innocents de Tuzla, alors qu'elles sont censées protéger la ville !

27 mai 1995

Maman a fait irruption dans ma chambre vers 11 h, la nuit dernière. Elle m'a réveillée, m'a tendu mes pantoufles et m'a entraînée avec elle sur le palier. Papa et Sanel s'y trouvaient déjà. Trois obus étaient tombés à quelques pâtés de maisons d'ici. Le quatrième avait explosé si près qu'ils avaient entendu les shrapnels et les éclats de verre frapper la façade de notre immeuble. C'est incroyable, mais le bruit ne m'avait même pas réveillée!

Bientôt, les voisins des étages supérieurs sont descendus à leur tour. Nous sommes tous restés assis dans le hall d'entrée jusqu'au jour. Ambulances et camions d'incendie sillonnaient la rue. La vie est si fragile.

Papa vient de rapporter le journal *Oslobodjenje*. Le bilan des tueries de Tuzla est maintenant de 66 morts et plus de 236 blessés. Une vingtaine de corps n'ont pas encore été identifiés, car ils étaient mutilés au-delà de toute description. À la radio, un journaliste a lu les noms de tous les jeunes qui ont été tués.

Nous sommes tous accablés de tristesse face aux images des jeunes victimes. Je répands mes larmes pour elles. Peu importe leur religion ou leur appartenance ethnique, toutes vivaient dans notre pays, partageant la peine tout comme nous avions partagé le bonheur. Les jeunes Bosniens d'aujourd'hui ne laissent plus leurs différences religieuses les séparer. Nous savons que nous pouvons et devons vivre ensemble. L'agresseur ne comprend apparemment pas cela.

6 juin 1995

Les obus pleuvent sur la ville. Ma famille est si anxieuse que même la plus innocente réflexion peut déclencher une dispute. Je ne dévoile mes sentiments à personne, mais je suis plongée dans le plus profond désespoir. Quand cette guerre s'achèvera-t-elle ? Pendant combien de temps encore ma vie ne sera-t-elle réduite qu'aux temps morts entre deux explosions ?

Je crois que toutes les activités et les tâches que nous effectuons au cours de la guerre ne servent qu'à donner l'illusion du confort et de la normalité. J'erre de pièce en pièce, de coin en coin, à la recherche désespérée d'un endroit sûr.

Mon Dieu, quand tout cela sera-t-il terminé ?

13 juin 1995

Ma vie est composée de deux parties : les jours passés effacés par le chagrin et la douleur, et les jours à venir qui leur ressembleront certainement. Je ne sais pas combien de jours seront encore effacés du calendrier de ma vie.

Mon rêve serait de vivre avec ma famille dans une île tropicale couverte de bananiers et de cocotiers. Je ne cesserais pratiquement jamais de nager.

16 juin 1995

Les explosions ont résonné tout au long de la nuit et de la matinée. Nous ne sommes pas allés au sous-sol. Si nous y descendions à chaque bombardement, nous vivrions comme des rats.

La nuit, je dors une heure ou deux, jusqu'à ce qu'une explosion me réveille en sursaut. Mon cœur bat la chamade et il me faut plus d'une heure pour me rendormir. Puis il y a une autre explosion et tout recommence.

19 juin 1995

Je ne dors plus dans mon lit. J'ai peur et je couche sur un matelas près de la porte d'entrée. Pourtant, une jeune fille dort paisiblement dans son lit, en France ou en Amérique, et rêve à demain.

Pourquoi ne pouvons-nous pas vivre tous ensemble et en paix au lieu de nous battre ? Aucun pays ne vaut les larmes d'un enfant, et moins encore la vie d'un enfant.

Je me demande si je reverrai jamais mes deux meilleures amies. Sanja a fui en Allemagne et Nevena en Australie. Et si je les revois, de quoi aura l'air notre rencontre ? J'essaie de me l'imaginer, mais cela me semble absurde. Que pourrai-je leur dire ? Comment pourrai-je leur expliquer que, tandis qu'elles vivaient en sécurité, des centaines d'enfants hurlants baignaient dans leur propre sang? Je crains qu'il n'y ait que du silence et du vide entre nous.

6 juillet 1995

Je ne peux décrire le désespoir qui étreint Sarajevo. Hier, un voisin a été tué dans ma rue. Un obus a explosé juste devant lui. Sa femme s'est précipitée dans la rue en larmes, hurlant et s'arrachant les cheveux. Les autres voisins ont rapidement ramassé le corps.

À peine quelques minutes plus tard, des enfants transportant des bidons d'eau vides ont traversé la flaque de sang sans s'arrêter. Cette lutte qu'on appelle la vie continue et le temps s'écoule sans pitié.

8 juillet 1995

J'ai appris aujourd'hui la mort de mon cher ami et autrefois voisin Tarik Dzankovic. C'était un être merveilleux qui me gratifiait toujours d'un sourire. Il avait de beaux yeux sombres avec de longs cils.

Tarik était courageux et déterminé, et il combattait fermement l'injustice tout en défendant ceux qui ont faim et soif. Il aidait toujours les voisins âgés à transporter de l'eau ou des sacs jusqu'aux derniers étages de notre ancien immeuble.

Un après-midi, je m'en allais à une répétition de la chorale quand je l'ai vu revenir du front avec un gros sac à dos. Il était manifestement fatigué, mais il m'a souri et demandé de mes nouvelles. Ce sourire enfantin ne quittait presque jamais son visage. Le jour de sa mort, il défendait fièrement la liberté.

Le sentiment de perte que j'éprouve est trop grand pour mes mots. Il ne reste que ses parents et son frère en pleurs, ainsi que tous ceux d'entre nous qui l'aimaient.

10 juillet 1995

J'essaie de jouer du piano, mais mes doigts fatigués glissent sur les touches. Je prends un livre et tente de me concentrer, mais mes pensées se mélangent et je ne sais même plus ce que je viens de lire. Il y a tant d'horreur et de chaos, et j'ai besoin de réfléchir, de réfléchir encore et encore avant de comprendre quoi que ce soit. Mais je ne veux pas réfléchir ! Je ne veux pas pleurer ! Je veux rire, même s'il n'y a rien de drôle à Sarajevo. J'en ai tellement assez de tout ça.

13 juillet 1995

Si c'était la paix, je porterais en ce moment une belle robe d'été. Je serais souriante et j'offrirais à ma mère un bouquet de roses, une carte de vœux et des tonnes de baisers. C'est aujourd'hui son anniversaire. Ma mère qui se rend à pied à son travail parmi les obus et les balles, qui prépare miraculeusement de délicieux repas avec rien et dont les cheveux deviennent gris à cause des soucis. Cela m'a brisé le cœur de voir maman pleurer le jour de son anniversaire.

14 juillet 1995

Il y a eu un crime épouvantable : un génocide contre les habitants de Srebrenica. Des dizaines de milliers de civils ont vécu leur pire cauchemar quand l'agresseur a pris leur ville. Les Nations Unies ont regardé sans rien faire ; le reste du monde a fermé les yeux. Le monde ne veut pas être confronté à sa propre honte, pas plus qu'il ne veut aider les victimes. On a vu à la télé une petite fille se faire violer et une femme de quatre-vingts ans battue et obligée de marcher pendant des heures sous le soleil brûlant.

30 juillet 1995

Hier, c'était mon anniversaire. J'étais de bonne humeur. Quelques amis sont venus et ont apporté de petits présents et de gros câlins. Ça a été une des rares journées « normales », et j'étais pleine d'optimisme et d'enthousiasme.

Mais en ce jour où je portais ma plus belle robe, où je souriais et recevais baisers et cadeaux, d'autres étaient en deuil. Dans les journaux d'hier, j'ai lu un encart à la mémoire d'un jeune garçon nommé Nedzib Gojak et dont l'anniversaire aurait eu lieu le même jour que le mien s'il avait survécu à cette guerre.

5 août 1995

Je ne sais pas si cela est commun parmi les gens qui vivent dans la guerre, mais, avant de m'endormir, de terrifiantes images de corps sanglants apparaissent devant mes yeux. Au matin, je ne me souviens pas des détails, mais l'horreur reste. Parfois, la nuit, comme un enfant, j'appelle ma mère pour qu'elle vienne me parler. Sa voix me réconforte et chasse les ténèbres et les sombres pensées.

6 août 1995

Quelquefois, je me demande si c'est vraiment moi, cette fille enjouée de 6ᵉ année qui aimait aller dans les magasins et au théâtre. Cette fille de douze ans est radicalement différente de celle de seize, brisée, aux vêtements usés et qui regarde dans le vague par la fenêtre. Je me demande pourquoi je suis assise à mon bureau alors que le soleil brille au dehors. Où sont mes valises prêtes pour les vacances d'été ? Ces questions sont dérisoires. Je laisse trop aller mes pensées ! Je veux les forcer à se calmer, les attacher, les asservir, les contrôler. Mais c'est impossible. Je ne peux même plus commander à mes yeux qui regardent dans le vide. Il ne me reste que mes émotions, et je ne dois pas lâcher prise sur elles. Si je leur donne trop de liberté, elles vont déborder et tout noyer autour de moi : ce cahier, ce bureau, et même le soleil, qui brûle sans merci mes joues par la fenêtre.

Je me demande si j'existerai toujours dans quelque espace, entre les souvenirs pénibles de mon passé et la réalité de mon présent, à la recherche de l'avenir.

[Nadja]

Un nouvel espoir

Depuis que j'avais été blessée, mes parents avaient essayé de me faire quitter la ville. Finalement, vers la mi-août 1995, nous avons reçu une lettre d'une des organisations humanitaires, en Croatie, à laquelle mes parents avaient écrit pour demander de l'aide. J'avais été choisie, ainsi qu'une vingtaine de jeunes Bosniens, pour partir en Amérique. Grâce au partenariat de deux organisations, Femmes de Bosnie et Projet asile, je devais m'envoler de Croatie pour les États-Unis et vivre dans une famille américaine. Nous n'en savions pas beaucoup plus, mais nous étions submergés de joie! Une semaine plus tard, nous recevions une autre lettre nous informant que je devais me trouver à Zagreb, en Croatie, dans cinq jours. Faute de quoi, je manquerais mon vol pour les États-Unis.

Le désespoir est tombé sur nous. Le seul moyen de quitter la ville était d'emprunter un tunnel qui avait été creusé dans la deuxième année de la guerre. Ce tunnel était l'unique voie par laquelle nous parvenaient nourriture et médicaments, et le gouvernement ne délivrait pratiquement des permis de sortie qu'aux militaires, aux infirmières et aux civils gravement blessés. Il autorisait rarement les enfants à quitter la ville. La présence d'enfants à Sarajevo motivait les adultes. Sans leurs enfants à défendre, ils risquaient de perdre tout espoir.

Pendant trois jours, ma mère s'est rendue à la présidence pour supplier un fonctionnaire de nous accorder des permis de sortie. En vain. Le 27 août 1995, nous avons décidé de quitter Sarajevo illégalement.

Mon oncle, un militaire, a donné à ma mère la carte d'identité de sa sœur, qui était infirmière et avait le droit d'aller et venir dans le tunnel sans être inquiétée. Afin d'attirer davantage de sympathie, maman avait placé un oreiller à sa taille pour avoir l'air enceinte. Je portais des nattes, essayant de paraître douze ou treize ans.

Mon père nous a conduites à la rampe d'accès au tunnel. Cet espace découvert constituait une des parties les plus dangereuses de la ville, presque entièrement encerclée par l'agresseur. Une longue file de gens attendaient le contrôle de la police. Ils semblaient épuisés et incroyablement misérables, sans protection contre les attaques.

Au bout d'une heure, maman et moi sommes finalement arrivées à la fin de la queue. Nous n'avions pas de permis, mais nous espérions que le soldat de service aurait pitié d'une infirmière enceinte avec une enfant. Il a examiné les documents de ma mère et a hoché la tête affirmativement. Puis il m'a regardée.

Ma mère pouvait passer, a-t-il dit, mais pas moi. D'après mes papiers, j'avais seize ans, ce qui signifiait que je devais avoir mon propre permis. Ma mère l'a supplié de me laisser passer, mais le soldat était inflexible. Peu importait la tristesse de notre histoire ou l'urgence de la situation, un petit morceau de papier portant votre nom, votre âge et la date du départ était tout ce qui comptait. Nous sommes rentrées à la maison, défaites.

Cette nuit-là, aussitôt que je fermais les yeux, je revoyais les visages pâles et émaciés des gens faisant la queue. Aucun espoir ne pouvait se lire dans leurs yeux humides et vides, et c'est cela qui m'effrayait le plus.

Le lendemain, j'étais seule dans l'appartement. Mon esprit était toujours hanté par des pensées sombres et des images obsédantes. Soudain, il y a eu une explosion assourdissante. J'ai entendu des vitres voler en éclats et, un moment après, des gens se sont mis à appeler frénétiquement au secours dans la rue en bas. Je me suis jetée sur le sol, maintenant ma main sur ma bouche pour ne pas hurler. Les sirènes des ambulances et les cris des mourants remplissaient l'atmosphère. Et mes parents se trouvaient quelque part, au dehors...

Quelques minutes plus tard, mon père est rentré à la maison avec une miche de pain frais. Je l'ai embrassé de toutes mes forces : j'avais failli perdre mon père pour quelques bouchées de pain.

Maman est rentrée du travail avec du retard, mais dans ses yeux brillait une lueur d'espoir. Au moment où l'obus était tombé, elle se trouvait pour la quatrième fois aux bureaux de la présidence pour demander nos permis. Tout le monde avait été pris de panique à l'annonce du massacre. Le fonctionnaire, déjà énervé par ma mère, avait saisi deux formulaires et les avait remplis : nos permis pour quitter la ville la nuit même, entre 19 et 22 h. Nous n'aurions pas de deuxième chance.

Le vrombissement des obus était incessant. C'était de la folie de conduire en ville — je n'étais même pas certaine de vouloir partir. Parfois, je me sentais prête à risquer ma vie dans les rues, mais, un instant plus tard, je voyais mon père lutter pour ne pas pleurer. Néanmoins, maman et moi avons préparé mes bagages. J'ai fait le tour de ma chambre, murmurant des adieux à mes poupées, à mes livres, au piano.

En silence, nous avons transporté les valises dans la voiture. J'ai regardé nerveusement autour de moi : nous étions les seuls dans la rue. Pendant tout le trajet en voiture, je suis restée recroquevillée sur le siège arrière, m'imaginant naïvement que j'étais plus en sécurité ainsi.

Aux abords du tunnel, nous avons revu la même file d'âmes désespérées, maintenant trempées par la pluie. Des obus explosaient à une cinquantaine de mètres de là, mais les gens de la queue ne bougeaient pratiquement pas. Soudain, un obus est tombé tout près de nous. Tout mon corps a été secoué et j'ai hurlé en direction du soldat assis dans la guérite : « Comment pouvez-vous rester assis là quand il pleut des bombes ? Comment pouvez-vous être aussi insensible et sans pitié ? Faites quelque chose, pour l'amour de Dieu. Faites quelque chose ! »

D'une voix tranchante, le soldat a répondu qu'il n'était pas mieux protégé que nous et que nous étions tous promis à la mort. Des gens, dans la file, m'ont regardée tristement, mais ils n'ont rien dit. Mon père m'a embrassée et nous avons marché jusqu'au bâtiment le plus proche. Il m'a demandé de l'attendre là. Puis il est revenu prendre ma place dans la queue, prêt à sacrifier sa vie pour sauver la mienne.

Finalement, nous avons été contrôlés par un soldat et conduits dans un sous-sol bondé en attendant l'ouverture du tunnel. Même si mon père ne devait pas nous accompagner, il avait été autorisé à y pénétrer. Nous avons attendu plus d'une heure, car le tunnel était si étroit qu'on ne pouvait y circuler que dans un seul sens. J'ai entendu quelqu'un dire que les francs-tireurs tiraient sur les gens qui sortaient à l'autre bout.

Ma mère a reconnu un de nos voisins dans la foule et elle lui a dit que nous n'avions personne pour nous conduire, de l'autre côté. Il a désigné du doigt un homme qui se tenait dans un coin. C'était le chauffeur du camion qu'il allait prendre. Mon père est allé le voir et, bien que je n'aie pas pu entendre ce qu'ils se disaient, j'ai vu que l'homme hésitait. Quelques minutes plus tard, il a serré la main de mon père et a légèrement souri.

Le moment des adieux est arrivé brusquement. Nous n'avions qu'un instant. Comme je pénétrais dans le tunnel, je me suis retournée pour voir mon père une dernière fois. Il n'y avait que du noir. Puis je me suis mise à marcher dans l'étroit passage puant la sueur et l'urine. Le tunnel faisait environ 1,50 m de haut et je devais me tenir voûtée pour ne pas heurter le plafond avec ma tête. De l'eau sale dégouttait sur nous et nous avancions péniblement, de la boue jusqu'aux chevilles. Je portais un sac à chaque bras, plus un sac à dos, qui paraissaient plus lourds à chaque pas.

Il était impossible de s'arrêter pour se reposer, car il y avait une personne juste devant, et une autre juste derrière. Quand des gens se trouvaient mal, à cause de la fatigue ou du manque d'air, les autres essayaient de les transporter, mais le flot humain qui progressait avec peine dans ce tunnel misérable ne s'arrêtait jamais.

La marche a duré une demi-heure, mais elle m'a paru la plus longue de ma vie. Mes blessures aux jambes me faisaient souffrir et j'avais mal au dos. J'avais envie d'abandonner. Je me suis retournée pour chercher ma mère. Sa frêle silhouette était chargée d'encore plus de sacs que moi. Elle a croisé mon regard humide et m'a souri.

— Souviens-toi, Nadja, a-t-elle dit. Souviens-toi de ton rêve et n'arrête pas de marcher !

Je suis repartie en accélérant le pas.

Au bout du tunnel, il y avait une tranchée peu profonde. Nous avions beau nous voûter, les parois n'étaient pas assez hautes pour protéger nos têtes. À chaque éclair lumineux, nous étions visibles et en danger de servir de cibles aux francs-tireurs embusqués dans les environs. Il fallait rester absolument silencieux, mais mon cœur battait si fort que j'étais certaine qu'ils pouvaient l'entendre.

Nous avons finalement atteint le faubourg de Butmir. Il était extrêmement dangereux de s'aventurer dans la ville, car les obus pleuvaient et les francs-tireurs pouvaient nous voir à la lueur de chaque explosion.

Dans la tranchée, un jeune soldat s'était offert pour nous aider à porter nos sacs. À présent, il marchait à côté de moi. Chaque fois qu'une explosion se produisait tout près, il prenait ma main et disait : « Ne t'inquiète pas. Continue de marcher, continue de marcher. » Ma mère nous suivait. Chaque fois que j'entendais siffler une balle, je me retournais pour voir si elle était toujours vivante. Elle murmurait : « Ne t'arrête pas, Nadja ! Ne t'arrête pas ! »

Nous sommes enfin parvenus au camion — six hommes, ma mère et moi. Nos bagages et nos vêtements étaient complètement trempés. Vers 23 h, nous avions rejoint un convoi qui attendait de partir pour le mont Igman. La route était si étroite que les voitures ne pouvaient pas s'y croiser. Avant la guerre, le mont Igman était fameux pour avoir fait partie du site des Jeux olympiques. Maintenant, il était infesté de francs-tireurs et on ne pouvait voyager que de nuit.

Tandis que nous attendions, ma mère est allée faire une course. La nuit précédente, alors que nous tentions de passer illégalement, mon oncle, le soldat, avait pris ma guitare pour que nous ayons ça de moins à transporter. Lorsqu'on nous avait refusé l'accès au tunnel, il avait emporté la guitare dans sa maison, à Butmir. Le convoi était stationné à trois kilomètres environ de cette maison, aussi ma mère avait-elle décidé de récupérer l'instrument. J'étais horrifiée : allait-elle vraiment franchir ces trois kilomètres, parmi les balles et les obus, pour une guitare ? Rien ne justifiait ce risque. Seules nos vies comptaient. Ma mère ne m'a pas écoutée. Elle a seulement dit :

— Nadja, tu ne peux pas partir sans ta guitare !

Une heure a passé. Il pleuvait à seaux et j'entendais le grondement incessant du tonnerre et des bombes. Je pouvais à peine respirer, terrifiée à l'idée que ma mère gisait quelque part, blessée ou morte. Elle a finalement réapparu, avec ma guitare. Je m'en suis saisie, tandis qu'elle frissonnait.

Vers minuit, nous avons entrepris notre voyage de trois quarts d'heure en direction du mont Igman. Le chauffeur conduisait très lentement, tous feux éteints, afin que les francs-tireurs ne puissent pas nous repérer pour tirer avec précision. Pas une parole n'a été échangée. Nous nous contentions d'écouter le crissement des cailloux sous les pneus. Une seule fausse manœuvre et nous plongions dans le ravin.

Enfin, le chauffeur a allumé les phares : le plus dangereux était derrière nous. Avec soulagement, tous — sauf moi — ont allumé une cigarette. Je me suis mise à parler sans discontinuer, pour compenser ces 45 minutes de silence.

Personne n'a été tué ou blessé cette nuit-là sur la route du mont Igman. Peut-être la pluie torrentielle avait-elle découragé les francs-tireurs. Mais nous avons appris plus tard que, la nuit précédente, lorsque ma mère et moi avions essayé de passer sans permis, sept personnes avaient été tuées ici.

Hors de Sarajevo, à l'abri des francs-tireurs et des obus, maman et moi avons quitté le camion parce que les hommes allaient dans une autre direction. Nos adieux étant faits, j'ai regardé autour de moi et j'ai aperçu une petite épicerie. Les portes avaient été fermées à double tour pour la nuit, mais une poignée de bananes y avaient été accrochées. J'ai cligné des yeux une fois, puis une deuxième, avant de regarder de nouveau. Non, je ne rêvais pas, ces bananes étaient bel et bien suspendues là, comme si elles n'avaient pas été les choses les plus précieuses au monde !

Le lendemain, maman et moi avons voyagé en auto-stop vers la Croatie. Nous avons passé une journée à nous reposer du voyage, puis j'ai pris mon avion pour les États-Unis. Ma dernière vision de la guerre et de mon ancienne vie a été celle de ma courageuse mère me faisant au revoir, tout en dissimulant ses larmes derrière un sourire. Elle a fait le voyage de retour par la montagne aux périls mortels, puis elle a affronté de nouveau la misère du tunnel afin de retrouver papa et mon frère. Trois mois plus tard, Sanel a suivi le même chemin que moi pour les États-Unis. Mes chers parents vivent toujours à Sarajevo.

Le permis de Nadja pour le tunnel

Le tunnel par lequel elle s'est s'échappée est aujourd'hui
un musée, que Nadja a visité en 2004

La sortie du tunnel à Butmir

Nadja visitant le tunnel

L'original du journal de Nadja

Postface

À la fin de la guerre, en décembre 1995, on estimait que 250 000 personnes avaient été tuées. Des dizaines de milliers de ces vies auraient pu être sauvées si assez de gens, de par le monde, avaient insisté pour que leurs dirigeants interviennent. Je suis heureuse que la guerre se soit enfin terminée, mais le chagrin et la douleur hantent toujours les rues de Sarajevo.

La guerre n'a pas frappé seulement les peuples de Bosnie, mais nous tous. Les peuples du monde — toutes nationalités, ethnies et religions confondues — sont les membres d'un même corps et, quand l'un d'eux est blessé, nous en souffrons tous.

Après la guerre qui a dévasté mon pays, d'innombrables actes de guerre, de terrorisme et de violence ont affligé notre monde, et il est facile de se sentir impuissant ou submergé. Lorsque je suis découragée dans mon travail en faveur de la paix, je repense au tunnel. Là, alors que j'étais sur le point d'abandonner, ma mère m'a fait prendre conscience d'une force qui me permettrait de traverser les ténèbres. «Souviens-toi de ton rêve et n'arrête pas de marcher!» a-t-elle dit. Il ne se passe pas une journée sans que j'entende ses mots dans mon cœur.

Nous avons tous nos propres tunnels à franchir. Nous avons tous notre propre rêve à réaliser. Mais notre rêve commun est celui d'un monde de paix et de tolérance, dans lequel nous serions respectés et reconnus pour ce que nous sommes. Pour parvenir à ce rêve, nous devons faire notre chemin ensemble dans la boue et les ténèbres, car, au bout du compte, le tunnel nous mènera au monde où nous désirons vivre.

N'oublions pas notre rêve et n'arrêtons pas de marcher!

REMERCIEMENTS

Mon amour le plus profond et mes remerciements vont à mon mari, Chris Morrison. Merci d'avoir cru en moi depuis le jour de notre rencontre, et de m'avoir accompagnée depuis lors. Je voudrais remercier ma fantastique famille : mes parents, Jasmina et Sandi, et mon frère, Sanel, qui m'ont appris par l'exemple le travail et la persévérance. Amour et gratitude pour Richard Burck, mon merveilleux ami et mentor, pour m'avoir rappelé de ne jamais m'arrêter de marcher. Merci à la famille Morrison, particulièrement à Jules pour son amour, son aide et sa tendresse. Je voudrais remercier mes deux exceptionnelles familles d'accueil, les Yeager et les Simon, pour leur chaleur et pour m'avoir aimée comme leur propre fille. Jamais je ne saurai assez les remercier.

Tous mes remerciements à Kevin Wolfe, qui a cru à mon journal bien avant qu'il soit traduit en anglais. Tendres mercis à John Robbins et à sa famille pour leur constante inspiration, amour et bonté, ainsi qu'à Grant Vecera, qui m'a poussée à écrire sans le savoir.

Merci à Marie Bartholomew et à Charis Wahl, ma graphiste et mon éditrice, qui m'ont aidée à réaliser mon rêve pour la publication de ce journal. Charis, merci pour avoir rendu cette aventure moins intimidante. Merci à Valerie Hussey, pour m'avoir poussée et pour avoir cru en moi ; à Sheila Barry pour nos conversations nombreuses et consolantes ; à Ned Morgan pour son aide pertinente ; à toute l'équipe de Kids Can, qui a contribué à ce projet.

Enfin, mon amour et mes remerciements à tous mes amis et aux membres de ma famille, qui m'ont nourrie de leur tendresse et de leur attention. C'est pour moi une bénédiction que de vous avoir tous dans ma vie.

Puissions-nous vivre en paix et semer la tolérance pour les générations futures !